小説家者流蓋出於稗官街談巷
語道聽塗説者之所造也孔子曰雖
小道必有可觀者焉致遠恐泥是
以君子弗為也然亦弗滅也

錄漢書藝文志 丁酉冬 傳華

　　本书为重庆市社科规划项目"宋前小说与祝祷礼俗"研究、重庆师范大学校立科研基金项目"文体融合与汉唐小说的生成演变"的阶段性成果。

中国印象

丛书主编　程国赋　　副主编　江　曙

古代小说与神仙

何亮　著

暨南大学出版社
JINAN UNIVERSITY PRESS

中国·广州

图书在版编目（CIP）数据

古代小说与神仙/何亮著. —广州：暨南大学出版社，2018.7
（小说中国）
ISBN 978 - 7 - 5668 - 2262 - 8

Ⅰ.①古…　Ⅱ.①何…　Ⅲ.①古典小说—小说研究—中国
②神—研究—中国　Ⅳ.①I207.41②B932

中国版本图书馆 CIP 数据核字（2017）第 289614 号

古代小说与神仙
GUDAI XIAOSHUO YU SHENXIAN
著者：何亮
···

出 版 人：徐义雄
策划编辑：杜小陆
责任编辑：杜小陆　宋　茜
责任校对：苏　洁
责任印制：汤慧君　周一丹

出版发行：暨南大学出版社（510630）
电　　话：总编室（8620）85221601
　　　　　营销部（8620）85225284　85228291　85228292（邮购）
传　　真：（8620）85221583（办公室）　85223774（营销部）
网　　址：http：//www.jnupress.com
排　　版：广州良弓广告有限公司
印　　刷：佛山市浩文彩色印刷有限公司
开　　本：850mm×1168mm　1/32
印　　张：5
字　　数：116 千
版　　次：2018 年 7 月第 1 版
印　　次：2018 年 7 月第 1 次
定　　价：29.80 元

（暨大版图书如有印装质量问题，请与出版社总编室联系调换）

总　序

　　本丛书系统研究中国古代小说与中国文化的关系，是一种普及性文化读本，融学术性、知识性、趣味性和通俗性为一体。其主要针对的是具有高中及以上学历的国内读者和海外中华文化爱好者。

　　本丛书的作者，既有年富力强的中年学人，也有年方而立的勤勉后学。他们的著作或为国家哲学社会科学基金项目、教育部社会科学规划项目、省级社会科学规划项目的研究成果，或是各自的博士学位论文，都是作者致力数年的研究成果，反映了近年来的学术新视角和新观点。

　　本丛书尤其重视文献学、文艺学与中国古代小说的综合研究，强调文本细读，有意识地在文化学的视野中探讨中国古代小说，多维度地研究其与中国文化的关系。丛书内容较为丰富，主要有以下六方面：

　　第一，古代小说作品细读与赏析。梁冬丽教授的《古代小说与诗词》讲述了古代小说与诗词的密切关系。中国古代小说引入大量诗、词、曲、赋、偶句、俗语、谚语等韵文、韵语，其独特的"有诗为证"体系对小说创作的开展及其艺术效果的提升起到重要的作用。该书主要由五部分内容构成：古代小说引入诗词的过程、古代小说创作与诗词的运用、诗词在古代小说中的功用、古代小说运用诗词创作的经典案例和古代小说引入诗词对后世小说创作的影响。杨剑兵副教授的《古代小说与爱情》，将古代小说中的爱情故事分为四类，即平民男女类、才子佳人类、帝王后妃类、凡人仙鬼类，再从每类爱情故事中精选四篇代表作品进行评析。吴肖丹博士的《古代小说与女性》，探讨中国古代小说与女性之间的关系，主要通过古代小说中关于女性的生动故事，结合社会生活史，让读者了解两千多年来女性在社会中扮演的角色和社会地位的变化过程。杨骥博士的《古代小说与饮食》，以古代小说文化为纲，中国饮食文化为目，通过特定的饮食专题形式写作，为读者展现中国古代小说的文化内涵。该书以散文笔调为主，笔触闲适轻松，语言风趣，信息量大，兼具通俗性和学术性。

第二，古代小说与制度文化。胡海义副教授的《古代小说与科举》，探讨中国古代小说与科举文化的密切关系，从精彩有趣的小说中管窥科举文化的博大精深。该书既有士子苦读、应试、考官阅卷、举行庆贺等精彩纷呈的科举场景，也有从作者、题材、艺术与传播等方面分析科举文化对古代小说的促进作用的理论阐述。

第三，古代小说与民俗、地域文化。鬼神精怪与术数、法术是信仰民俗的重要组成部分，也是古代小说的重要母题，因此杨宗红教授的《古代小说与民俗》主要分为四部分：神怪篇、鬼魂篇、术数篇和法术篇。神怪篇介绍了五通神、猴精与猪精、狐狸精、银精，指出鬼神敬畏正直凡人；鬼魂篇介绍了灵魂附体、荒野遇鬼、地狱与离魂的故事；术数篇介绍了相术、签占、八字、扶乩、灾祥、谶纬、风水术，分析了这些术数对个人、家庭及国家大事的影响；法术篇重点介绍符咒、祈晴、祈雨、神行术与变形术。江曙博士的《古代小说与方言》，以方言小说为研究中心，论述方言与中国古代小说的关系。该书以方言对小说的影响、方言小说的编译和近代以来方言与普通话之间的论争等为论述重点，以北方方言、吴方言和粤方言为主要方言研究区域，兼涉闽方言、赣方言和湘方言，探讨诸如苏白对清代狭邪小说人物塑造的影响、以俞曲园将《三侠五义》改编为《七侠五义》为例论述从说唱本到文人小说的改编等。

第四，古代小说与宗教关系。受佛教、道教思想影响，中国古代小说中涌现出千姿百态的神仙形象，何亮副教授的《古代小说与神仙》以此为突破口，追溯神仙思想产生的文化根源，探讨了中国古代小说中神仙信仰的文化内涵。叶菁博士的《古代小说与道教》，从道教文化与小说的视角出发，探讨道教思想、人物、仙境及道教母题对中国古代小说的影响。该书内容丰富，笔调生动有趣，可作为研究道教文化与古代小说的入门读物。

第五，古代小说的域外传播。李奎副教授的《古代小说与东南亚》主要论述中国小说在越南、泰国、印度尼西亚等国的传播及其影响。中国古代小说在新加坡、马来西亚、泰国主要以报纸作为载体传播，传播主体是华侨华人。中国古代小说传入越南的时间较早，对越南的小说和诗歌发展影响较大。中国古典小说在印度尼西亚最受欢迎的当属《三国演义》，出现许多翻译本和改编本。

第六，古代小说与心理学综合研究。周彩虹博士的《古代小说与梦》以中国古代小说中的梦类故事或情节为研究对象，运用的理论和方法既有本国的梦理论，又引入荣格学派的相关理论，尝试以中西结合的视野对这一传统题材进行深入浅出、生动有趣的解读，如以生命哲思为主题，结合梦的预测功能，介绍中国古代的释梦观念和释梦方法，并对《庄子》《红楼梦》等作品中的相关情节进行分析；以教化之梦为主题，结合阴影理论，解析《搜神记》、"三言二拍"、《聊斋志异》等相关作品。

本丛书有别于一般的学术性著作，不是简单地将学术著作以通俗语言表达，而是运用新的思维方式和写作方法，是一种有益的尝试，希望也是一种有益的实践。恳请读者朋友批评指正，提出宝贵的意见和建议。

程国赋

2017 年 10 月 10 日

前　言

　　说到神仙，我们马上就会想到蓬莱、方丈、瀛洲三神山，以及齐威王、齐宣王、秦始皇等派人入海寻求仙药的故事。为什么人们想去海外神山求得仙药，变成神仙？我们就从求仙故事开始，探寻奇异的神仙世界。

　　据史籍记载，早在春秋战国时期，我国的航海术就得到极大发展，人们已经开始海上的航运活动。公元前六世纪，齐景公曾有乘船环游山东半岛的想法。地处东部沿海的燕、齐、吴、越等国，经常有人到海上进行探险、贸易活动，有时会观测到一些奇幻的海洋景观。受海市蜃楼的影响，出现了海岛中有神仙居住，仙人都快乐逍遥、长生不死的传说。从事占卜、观测星象、预测吉凶等的巫师，为宣扬自己的巫术和法力，对怪异现象大肆渲染，传播不死观念和信仰，进一步引发了海上神山、神仙的故事。战国时期，巫师逐渐退出历史舞台，被方士所取代。由巫师转变而来的部分方士，为了名誉利益，迎合统治者想长生的欲望，宣扬传闻中的海上神山、神仙。沿海地区的各国君主，开始了入海寻求长生不死之药的热潮。

在求仙的帝王中，首屈一指者当属秦始皇。《史记·封禅书》说：

> 及至秦始皇并天下，至海上，则方士言之不可胜数。始皇自以为至海上而恐不及矣，使人乃赍童男女入海求之。船交海中，皆以风为解，曰未能至，望见之焉。

秦始皇统一六国以后，听信方士海上有神仙的说法，派人带领童男童女到海上寻求神仙。船到了目的地，果然看到了美妙的仙山。可惜的是，还没有靠近，海岛很快下沉，可望而不可即。原来他们所看到的，只不过是海上的幻景。但是，被长生迷惑的秦始皇并不甘心，多次派著名方士，也是他的专属御医徐福，前往蓬莱等地寻求仙药。《史记·秦始皇本纪》二十八年条说：

> 齐人徐市等上书，言海中有三神山，名曰蓬莱、方丈、瀛洲，仙人居之。请得斋戒，与童男女求之。于是遣徐市发童男女数千人，入海求仙人。

这一次，秦始皇派出的队伍非常庞大，数量多达三千人。最终结果是，不仅没求得仙药，就连求仙药的人也一去不复返。

小说《仙传拾遗》"徐福渡海"的故事也有详细记载：秦始皇一统天下后，日夜忧心寿命将尽，不能永远地享受荣华富贵。

身边一个叫徐福的方士揣度其心意，编造东海瀛洲有长生不死药的传闻。秦始皇非常高兴，不久就命令徐福率领众童男童女由瀛洲村登船，东渡去瀛洲。现在江苏盐城，还留有登瀛这一村名和海口名。事实上，徐福只不过借入

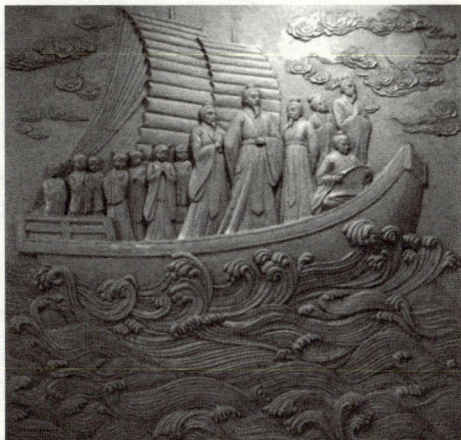

徐福带人入海求仙图

海求仙的名义躲避秦朝的暴政，逃到瀛洲后他们便杳无音讯。清代学者黄体中对这件事看得十分透彻，写了一首七绝进行评论："东海茫茫万里长，水天何处是扶桑？海船一去无消息，徐福当年赚始皇。"秦始皇求仙的失败，并没有阻挡后来求仙者的步伐。接下来的汉武帝，再一次表现出了对求仙的狂热。

第一个得到汉武帝宠信的方士是李少君。他擅长炼丹，善于察言观色，很会讲话。每到合适时机，就向汉武帝灌输神仙不老不死的思想，得到了汉武帝的重视。他劝说汉武帝信奉神仙，《史记·孝武本纪》有记载：

祠灶则致物，致物而丹沙可化为黄金，黄金成以为饮食器则益寿，益寿而海中蓬莱仙者可见，见之以封禅则不死，黄帝是

也。臣尝游海上，见安期生，食臣枣，大如瓜。安期生仙者，通蓬莱中，合则见人，不合则隐。

　　李少君蛊惑汉武帝，说通过丹炉炼制丹砂，可将其化成黄金。如果使用这样的黄金做成的餐具、日用品，不仅能延年益寿，还能看见神仙。汉武帝对李少君的话深信不疑，果然按照李少君说的亲自建造丹炉炼丹，并派遣方士入海，希望遇到传说中的安期生等人。安期生是什么人？在道教典籍《真灵位业图》中，被奉为"北极真人"，是排列第三的神仙。传说他羽化登仙后，经常驾鹤远游。与他相遇的人，都可以追随他成仙。不久，自称已得道的李少君自己也没能逃离命运的轮回而死去。汉武帝仍然接受黄锤、史宽舒等方士的劝诱，寻求神仙岛屿蓬莱、神仙人物安期生。其后，汉武帝又相信了一位谎称曾来往海中，见到了安期生等神仙的宫人栾大。栾大告诉汉武帝，只要潜心修炼就可以获得黄金，不死之药更是唾手可得。汉武帝听后，精神为之一振，觉得成仙不再遥不可及，不仅赏赐了栾大大量的钱财，还让他担任五利将军的重要官职。好景不长，栾大也因法术不灵验被汉武帝杀掉。栾大等人惨死的命运，并没有震慑追名逐利的方士。他们甘愿冒着被杀的风险，前赴后继地向汉武帝举荐自己有让人成仙的方法，都以无果而终。这时候汉武帝才幡然醒悟，厌恶说神语怪的方士。到六十八岁的高龄，他告诫大臣，天下不存在神仙，吃药健身只能保持身体健康、少生病，并不能让人长生。

秦始皇、汉武帝等帝王对成仙表现出了超乎寻常的执着。那么，到底什么是神仙呢？

神仙说法及信仰与道教、佛教、儒家思想有千丝万缕的联系。儒家思想与迷信、占卜、阴阳五行、方术等结合，有祭祀的相关仪式，有自己信奉的神仙。不过，儒家思想是否属于宗教尚有争议，因此不将其作为讨论的范围。追求长生、得道成仙的道教，有系统的神仙体系。佛教传入中国后，译经家翻译佛经、解说教义的时候，有意消除佛陀与"仙"的界限，把古印度修行佛教的人翻译成仙人，佛陀与神仙看似没有区别。实际上，道教的神仙谱系与佛教的佛家神祇截然不同，不可以混淆对比。明代冯梦龙在《古今小说》里讲得非常清楚：

> 从来混沌剖判，便立下了三教：太上老君立了道教，释迦祖师立了佛教，孔夫子立了儒教。儒教中出圣贤，佛教中出佛菩萨，道教中出神仙。那三教中，儒教忒平常，佛教忒清苦（佛教要苦修，如丛林制度——作者），只有道教学成长生不死，变化无端，最为洒落。（《张道陵七试赵升》）

冯梦龙认为，天地开辟以来，太上老君、释迦牟尼、孔子分别立下道教、佛教、儒教。道教信奉的是神仙，佛教信奉的是菩萨，而儒教信奉的是圣人。谈及神仙信仰，一般指道教。

　　道教信仰的神仙可以分为"神"和"仙"两大类：神指神祇，包括天神、地祇、地府神灵、人鬼之神等，其中天神、地祇、地府等神灵，在天地形成前就已经存在。《说苑·修文篇》就说："神者，天地之本，而为万物之始也。"根据道教经典《抱朴子》的说法，"神"是先天的，属于靠人力学习而达不到的超自然神灵，如创世神三清尊神、玉皇大帝、南极仙翁等天界尊神。人鬼之神则是对国家、民族做出重大贡献或有重要影响的人，死后被封为神灵，如关羽、赵公明等。"仙"指仙真，包括仙人和真人，大多由后天修炼而成，如八仙、福寿神彭祖。《说文解字》中，仙字有两种写法：第一种，写作"仚"，意思为人在山上；第二种，写作"僊"，意思为长生不死，飞升入天。后来，段玉裁在《释名》中也将"仙"解释为："老而不死曰仙。"《释名·释长幼》："老而不死曰仙。仙，迁也，迁入山也，故其制字人傍山也。"从"仙"字的写法及本义，不难看出神仙主要生活在高地，具有长生不死的特点。"神"与"仙"的含义本来完全不同，但从汉代开始神与仙逐渐合流，神可以称为仙，仙也可以称为神，民间甚至将仙等同于神。闻一多先生的《神话与诗·神仙考》曾说过："人能升天，则与神一样，长生，万能，享尽一切快乐，所以仙又曰'神仙'。"

　　神仙是超脱生死、不受外物拘束的特殊群体。这一群体虚无缥缈，现实中不可能真实存在。东汉史学家班固《汉书·艺文志》对神仙及专务神仙术的方士，有过这样一段评论："神仙者，所以保性命之真，而游求于外者也。聊以荡意平心，同生死之域，而无怵惕于胸中。然而或者专以为务，则诞欺怪迂之文弥以益多，非圣王之所以教也。孔子曰：'索隐行怪，后世有述焉，吾不为之矣。'"秉承孔子不语怪力乱神的思想，班固认为神仙的长生、自由，只能让人获得精神上的安慰，如果一味宣扬，就违背了圣人的教诲。虽然世界上并没有真正的神仙，神仙思想也只是一种美好的憧憬、幻想，但却表现了人们对生命、自然宇宙的探索精神，对美好生活的追求。受神仙思想影响，中国古代小说中涌现了诸多与神仙相关的故事，诡异绮丽的故事情节、变幻莫测的法术、千奇百怪的人物形象，引起了小说家、读者的兴趣，不仅丰富了文学作品的题材，从中也可以窥知中华民族的生死观、文化精神、宗教信仰等。这些作品成为文学苑囿中一道非常靓丽的风景。

目　录

一、神仙品阶篇

　　神仙，在我们的印象当中，生活在远离尘世的天界，穿着美丽、奢华的衣服，吃的是珍馐佳肴，过着随心所欲的生活，令人十分向往。庄子在《逍遥游》中，最先描绘了超然物外、过着自由率性生活的"藐姑射山之神人"："藐姑射之山有神人居焉。肌肤若冰雪，绰约若处子；不食五谷，吸风饮露；乘云气，御飞龙，而游乎四海之外。"居住在藐姑射山的神人，形体柔美婉约，肤色晶莹剔透、洁白温润如玉；不吃人间五谷，以大自然的风雨甘露为食；行动的时候，腾云驾雾，可以在任意时空自由穿梭。《列子·黄帝篇》也有同样的记载："列姑射山在海河洲中。山上有神人焉，吸风饮露，不食五谷，心如渊泉，形如处女。不偎不爱，仙圣为之臣。"姑射神人看似代表着精神、心灵的绝对自由，不受任何约束，事实上，她和其他神仙都要接受地位更高的神仙的统治。神仙世界同人类世界一样，有着等级高低的区别。

　　神仙等级的区分，主要受魏晋时期人物品评的影响。大家知道，魏晋是历史上极为黑暗的时期。政治动荡，孔融、阮籍、嵇康、谢灵运等名士都卷入了政治漩涡。政治上的压抑，使得人们

藐姑射山神人图

纷纷远离政治斗争，不敢轻易评论国事，避免牵连。政治上的高压，让人们将视线从政治转向自我，思考与人生相关的问题，比如人的价值和意义、人的性情与才能等，自我主体意识进一步觉醒。在这样的政治背景下，东汉刘劭的《人物志》应运而生。《人物志》是我国一部评析、品谈人物的专著，约成书于曹魏明帝统治时期（226—239）。早在魏文帝曹丕在位期间，曹丕即接受陈群建议，用九品中正制选拔人才。该书是响应九品中正品评人物、选择人才的举措而形成，旨在为推行九品中正制提供理论依据。同时，总结实践经验，推动这一制度的完善和发展。作者在自序中阐述了撰著目的："夫圣贤之所美，莫美乎聪明，聪明之所贵，莫贵乎知人，知人诚智，则众材得其序而庶绩之业兴矣。"《人物志》以儒家中庸思想作指导，对人的形质、才性、才能、资质以及如何辨析、任用等问题，展开详尽论述，为人才高低的甄别提供重要参照。当时，为推进九品中正制选拔人才，开启魏晋士大夫品鉴人物的清谈之风，对后世如何观察甄定人物有一定作用。人物品评的一些观念和方法渗透到其他各种批评之中，导致当时社会弥漫着批评的风气。如朝廷把读书人分为三品（上、中、下）或九品，即九品中正制，作为选拔官员的重要规范和标准；范汪注《棋九品序录》、袁遵《棋后九品序》以九品论棋；庾肩吾《书品》以三、九品论书法；谢赫《古画品录》以六品论画。各行各业，大大小小的事情，都能根据优劣划出一定品级的思想，影响了人们的神仙观念。梁代的顾欢根据神仙法力的高强、成仙方式的差异等将神仙分为真、神、圣三个等级，共二十七品："其有者二十七品，仙变成真，真变成神，或谓之圣，各有九品。"显然，"圣"代表了神仙的最高品级。不过，神仙等级划分影响最大的是"三品"说。

现存最早的神仙三品说，出自曹魏时"五斗米道"（五斗米道，因创始人张鲁被封为张天师，也称天师道，是道教初期重要的派别）的经典书籍。《正一法文天师教戒科经》劝导信徒勤于修行，积累善德。修行者因所具备的功德不同，成仙之品各有上下："大道含弘，乃愍人命短促，故教人修善：上备者神仙，中备者地仙，下备者增年。"积累大的善行，能成为神仙；不大不小的善行，能成为地仙；小的善行，只能延年益寿。道教"上清经派"的《紫阳真人内传》强调服食药物成仙，所谓"药有数种，仙有数品"。根据服食药物的效果，神仙有上品、中品、下品的不同，每品又有上与次的区分：上品神仙"乘云驾龙，白日升天。与太极真人为友，拜为仙官之主""或为仙卿，或为仙大夫，上次之次也"，上品神仙能驾驭清风、翔龙自由飞升，与仙界的太极真人做好朋友，管理仙界其他仙人。上品神仙中地位低一点的，担任仙界中较低的官职，接受更高神仙的管辖；中品神仙"游行五岳，或造太清，役使鬼神"，中仙之次则"或受封山，总领鬼神；或游翔小有，群集清虚之宫"，中品神仙能在名山大川畅游，任意差遣使用鬼怪精灵，中品神仙中地位较低的，只能在山林间遨游，聚集在月宫，管理精灵鬼怪事务；下品仙"若食谷不死，日中无影""白日尸解，过死太阴，然后乃仙，下仙之次也"，下品仙只能保持不死之身，下品仙中地位更低的，也要进入生死的循环，死后靠脱离旧的身体重生。三品说中，集大成者为东晋葛洪。他在其撰写的《抱朴子》中说：

上士举形升虚，谓之天仙；中士游于名山，谓之地仙；下士先死后蜕，谓之尸解仙。（《论仙》第二）

上士得道，升为天官；中士得道，栖集昆仑；下士得道，长生世间。……朱砂为金。服之升仙者，上士也；茹芝导引，咽气长生者，中士也；餐食草木，千岁以还者，下士也。（《金丹》第四）

天上多尊官大神，新仙者位卑，所奉事者非一。（《对俗》）

元君者，老子之师也。大神仙之人也，能调和阴阳，役使鬼神风雨，骖驾九龙十二白虎，天下众仙皆隶焉。（《金丹第四》）

葛洪认为，神仙分为天仙、地仙、尸解仙：天仙可以自由地飞升，地仙只能在名山遨游，尸解仙或死后遗弃肉体而成仙，或不留遗体，依托某一物体（如衣服、拐杖、剑）遗世升天。天仙担任天官的职务，管辖其他神仙；地仙集中居住在仙山——昆仑山；尸解仙只能与普通人共同生活在人世间。因成仙时间先后的不同，神仙的地位也有尊卑之别。成仙时间早的地位尊贵，成仙时间晚的地位卑微，地位卑微的新神必须侍奉地位较高的尊神。不但如此，还有一位居于众仙之上，统率众仙的大神仙，叫"元君"。神仙品阶有别，低品阶的神仙得侍奉、服从高品阶的神仙，形成等级森严的神仙官位谱系。

将神仙区分为三品，一品之中又可分高低，表明魏晋时期道教从早期的方仙道、巫术、杂祀中彻底蜕变，道教理论基本已成雏形。这种三品分高低的神仙观念，为当时其他道教派别所认同，作为准则共同遵守。基于三品分类，产生了第一个较为系统的道教神谱——陶弘景《真灵位业图》。在这神谱中，陶弘景将神仙分为七个等级，每个等级中间的为主神，主神的左右两边有若干席位，安排诸神。第一等级为最高，第二等级次之，逐层递降。陶弘景《真灵位业图》的神谱是上清派的一家之言，奉元始天尊、元始天王、太上大道君、金阙帝君等为最高神；灵宝派以元始天尊、太上老君地位最为尊贵；而天师道则尊老子为最高神。三派在最高神的问题上，不完全认同。随着道教的发展和各派的互相交融，约在南北朝末期，出现了统一的最高尊神"三清"，即元始天尊、灵宝天尊、道德天尊。三清神的出现，标志着道教神仙谱系的最终定型。这种神仙谱系对中国古代小说的产生有很大影响，小说中出现了不同品阶的神仙人物。

三清神（从左至右依次为道德天尊、灵宝天尊、元始天尊）

（一）天仙

自开天辟地以来，就存在许多超自然的神灵，盘踞于众仙之上。这些神灵多为神话传说中的人物，处于神仙品阶的最高等级，如盘古、西王母、东王公、女娲等。随着道教的发展，历史上的杰出人物，如黄帝、老子、关羽、张飞等，也被拉入天仙的行列。还有一些经过清苦修行，积累功德后成为天仙的，如何仙姑、铁拐李、吕洞宾等八仙，以及葛洪、许逊等。成为天仙要经历常人难以忍受、无法想象的艰苦修行，却仍然是修仙人最大的理想。

《太平广记》是宋代编修的大型类书，搜集了许多凡人修行成天仙的故事。第五十四卷的"刘晏"，两兄弟一人选择修仙，另一人选择发奋读书，谋求功名，因人生追求、理想大相径庭，人生最后的结局也完全不同。刘晏心性淡然，喜好清净，向往神仙。他的哥哥刘瞻对他说："神仙世界如镜中花水中月，与我们距离非常遥远，很难求得；朝廷近在咫尺，通过努力，就可以获得一官半职，为什么你不放弃学道改为求官呢？"刘晏不为哥哥的话所动，继续努力修道。有一天，一位道士到他们家来，收刘晏为徒，一起到罗浮山修行。四十年后，他的哥哥刘瞻官运亨通，步步高升，做到了一人之下万人之上的宰相。但是政治千变万幻、沉浮不定，后来他被贬到偏远的地方当小官。被贬途中，在朝台等待渡船，他忽然看见刘晏冒雨跑来，十分惊喜。睁大眼睛仔细一看，弟弟的容貌年轻焕发，自己却早已白发苍苍。两相对比，感慨万千。他回忆自己在官场中钩心斗角，苦苦挣扎大半辈子，到头来一无所得，就想跟随刘晏学道。刘晏回答道，仙凡是两条不同的路，现在一切都太迟了。两兄弟聊了一个晚上，第二天早上刘瞻便不告而别。不久，刘瞻逝世于被贬官的地方。刘晏兄弟的故事，是小说中常见的主题。勤加修炼成仙的，暂时虽辛苦，从长远来看却能享受富贵潇洒的生活，青春不老。被眼前利益蒙蔽双眼不肯修道的人，最后落魄潦倒，穷苦终老。这一类型的故事，传达了神仙世界与俗世凡尘迥然不同的观念。仙凡的选择只在一念之差，但失之毫厘，差以千里，等到垂垂老矣的时候去后悔，已经来不及了。

《仙传拾遗》中的刘商是汉代中山靖王刘胜的后代，勤俭好学，曾经被推举为孝廉，担任过安徽合肥县令。他遵循家族先辈修道成仙的告诫，没有汲汲于功名利禄，而是爱好清静无为的老子学说，热衷于服用丹药、修炼自身的方术。他慷慨大方，如果有人有炼丹的秘方却没有炼制的原材料，就会把自己千辛万苦收集的药石原料、炼丹炉、锅送给他，帮助他炼成仙药，自己从没想过要从中得到什么好处或占有人家的成果。有一次，刘商坐船到浙江天目山的苕（tiáo）溪和霅（zhà）水漫游，被武康县上强山秀丽、清幽的景色所吸引，觉得这个地方人杰地灵、群山环抱，适合修道，就隐居起来。到山中砍柴的少年或采药的老人，只要到他门前来卖柴卖药，他都能体恤采药人、砍柴人的辛劳，以高价买下来。有一天，一个砍柴人卖柴给刘商，手上还拿着一把白术（zhú）草药。刘商用不少钱把柴和白术一起买了下来，其实刘商的院子里各种草药已成堆了。这天他挂着拐杖在野外田间小路上悠闲地散步，忽然听见丛林里有人谈话，说"中山人刘商长期积累功德、专心修道感动了神仙，神仙已经把神药白术赐给他了"。刘商仔细察看树林，没见到一个人影，就赶紧跑回家拿出那把白术吃了下去。过了一个多月，他的牙齿变得结实了，头发密了，面容变得像孩童，走路又轻又快，可以赶上奔跑的骏马，攀登高耸入云的山峰一点也不觉得劳累。又过了一个多月，他不出门就能知道天下发生的事，比算卦占卜还要灵验。获得这些仙术后，他并没有洋洋自得，反倒继续到上强山的石洞里更加勤苦地修炼。到了唐代咸通初年，刘商化身为一位白发苍苍的砍柴人下山。有一个卖酒人看到他仙风道骨，与普通人不同，就热情地接待了他。过了一个月，刘商又到酒店，对卖酒人说："我是上强山中的刘商，长时间画水墨画，今天来是想送一幅画给你，以酬谢你对我的款待。"没过一会儿，刘商就在卖酒人准备好的白绸布上画出了千山万水，淙淙的流水、高峻的山峰、氤氲的云气，全部都栩栩如生，那技巧不是凡人所能有的。临走的时候，刘商还对卖酒人说："我的祖先是汉代淮南王刘安，他现在担任仙界九海总司，任命我担任管辖南海的职务，过十几天我就要赴任，不能再来看你了。"十几天后，天空祥云翻滚，山谷中吹拂着香风，砍柴人看见空中有人骑着仙兽向南飞去了。

相比刘瞻、刘商，凡人想变成天仙，往往要经受更多的考验。东晋葛洪《神仙传》中的李八百为了成为天仙，经受了常人难以忍受的试炼：李八百是四川人，细加推算他大概活了八百岁，所以叫李八百。他行踪不定，有时隐居在山林里，有时又到城镇里来。他听说陕南汉中有个叫唐公昉的人潜心学道，但没有高明的老师指点，想经过测试后，把修炼的方法教给他。首先，李八百到唐公昉家当仆人，观察他是否有善心。不出所料，唐公昉细心周到地侍奉李八百。当李八百病重时，耗费几十万钱给他请医生抓药诊治；生了脓血淋漓发出恶臭的烂疮的时候，唐公昉让妻子给他舔疮。舔疮后，又为李八百准备几十斗的酒沐浴。洗

李八百炼丹图

澡后，李八百让唐公昉夫妻以及三个舔过疮的丫鬟用他洗过澡的酒洗澡，转眼之间脱胎换骨，变得年轻、漂亮。然后李八百传授一本经书给唐公昉，让他进入浙江绍兴的云台山中炼制丹药。丹药炼成服用后，唐公昉成仙升天而去。这种考验，不仅仅是身体的修行，更多的是要忍受常人不能容忍的精神历练。学道的心如果不够坚定，那是很难做到的。

天仙的地位并不是固定、一成不变的。如果触犯天条，违反道规就要受到惩戒，降低品阶。重新修炼后，又能从低品阶的神仙，升为高品阶的神仙。清代薛福成《庸庵笔记》卷五"北齐守宫老狐"，有一个关于狐仙品阶升降的故事。谈及狐狸，很多人都认为是一种魅惑人的精怪，害人性命，其实并不是这样。以描写狐精著称于世的《聊斋志异》，里面的狐狸精大多美丽、温柔、善良，对爱情忠贞不渝，如小翠、婴宁、娇娜、青凤、红玉、辛十四娘。她们身上的德行可歌可泣，令人钦佩、尊敬。守护北齐宫的老狐，也是如此。她不受风流才子王君的戏弄，以礼相待，每当清风明月的夜晚，就来和王生对谈，成为相知相惜的好朋友。她对侍奉的主人——北齐文宣皇后李祖娥，忠心不二。李祖娥是欲界六天第四天兜率天宫的仙女，因犯错被罚入人间。在她很小的时候，老狐当丫鬟侍奉她。祖娥十五岁的时候，嫁给了太原公高洋。可她的美貌被大将军所垂涎，老狐为守护祖娥的贞洁，摇身一变，音容笑貌跟祖娥一模一样，替祖娥陪大将军高澄睡了一夜。之后，大将军被奴仆杀了。高洋代他做了大将军，废掉了魏帝，立祖娥为皇后。高洋昏庸残暴、酗酒好色、杀人如麻，唯独敬畏皇后祖娥，宫中因她保全活下来的人不下数万。高洋死后，他的弟弟常山王高演自立为王。过了一年，高演也死了。高演的弟弟长广王高湛，做了齐王。他的品行跟高洋一样，滥杀无辜，极为酷虐。高湛强迫祖娥和他淫乱，祖娥没有顺从。高湛以不顺从就杀了祖娥的儿子对她进行威胁。老狐再次代替祖娥，侍奉高湛。半年后，高湛住进祖娥的住所昭信宫。祖娥担心替代的事情被高湛发现，情急之下，假说怀有身孕拒绝了高湛。高湛果然不再进入昭信宫。将近一年，高湛对祖娥这么长时间还没生下孩子感到非常惊讶，趁她没有防备，闯入昭信宫。这时候，老狐接受东狱神的命令，到海滨驱除疫鬼，无法保护祖娥。祖娥被高湛用鞭子抽打致死，扔到水渠中。老狐从东海回到宫里，把丹药放在祖娥的口中，将她救活。活过来后，高湛将她送入妙胜寺出家当尼姑。十五年后，北齐被北周所灭。北齐的宫妃被送进北周的后宫。周人仰慕祖娥皇后的大名，要求祖娥入宫。祖娥一心不事二主，在老狐计策的保护下没有入宫，一直被安置在长安的尼姑庵中。又过了两年，祖娥被放回到家乡赵郡。从她降生到放归回家，经历了几十年的祸患折磨，都是常人所不堪忍受的，终于期限已满。期限到了以后，祖娥本来可以恢复天仙的身份，但是在尘世待的时间太长，沾染了世俗的污垢，无法在一朝一夕间清洗干净。并且在被鞭挞时，祖娥元气大损，所以暂时滞留人间当一个地仙，静心修养一千多年后，才可以飞升再次成为天仙。老狐三次设法护主，使祖娥的仙资、贞洁完好，受到天上神仙的嘉奖和赞许。上帝将老狐的名字记在仙人的名册上，到时和祖娥同时飞升。老狐对主人的忠诚、为主人做出的牺牲，李祖娥与恶势力进行的抗争、经受的磨难，都说明成为天仙不容易，想永远守住天仙的身份，更是难上加难。

成为天仙虽困难重重，但可以实现凡人可望而不可即的梦想：容颜不老，寿与天齐，腾云驾雾，来去自由，神奇变幻，法术高强。当现实世界的人们遇到危难或需要帮助的时候，天仙往往成为被寻求救助的对象。如深受读者喜爱的唐宋英雄人物传奇小说《薛丁山征西》（《唐宋英雄传奇》丛书之一，作者不详。该书为章回体小说，专门讲述唐代英雄豪杰薛丁山的故事）第五十一回"苏宝同布金光阵　樊元帅连夜抢关"就讲述了请仙助战的故事：贞观年间，薛仁贵向东征讨叛军获胜，回到朝廷被皇帝封为平辽王。但皇叔李道宗心胸狭隘，处处与薛仁贵作对，两人结下仇怨。薛仁贵被李道宗诬陷关进监狱，危难之际，西凉哈迷国侵犯边境。徐茂公推荐薛仁贵派兵征讨，逃过这场牢狱之灾。

一波刚平另一波又起！薛仁贵在征西的过程中，误中敌人圈套困在阳城，被西凉哈迷国元帅苏宝同投掷的飞镖射中。伤重昏迷、魂游地府的时候，他从冥间官员的口中得知自己的儿子薛丁山还活在人间，与自己有一段难解的死结。唐高宗见薛仁贵出征不利，征召能人讨伐叛军，薛仁贵的儿子薛丁山主动请缨，将帅印夺回，与西凉哈迷国寒江关关主樊洪的女儿樊梨花一见钟情，结为夫妻。樊洪转而投靠唐军，薛丁山和樊梨花夫妻二人同心协力征西。苏宝同的军队节节败退，只好请来五位天仙布金光阵迎战，扭转了局势，反败为胜。薛丁山和樊梨花的儿子薛应龙看到父母苦无对策，邀功心作祟，带领刘家兄弟及士兵强行破阵。天仙摆的金光阵果然厉害，阵中刀光剑影，风

金光阵

雨雷电交加，守阵的士兵神出鬼没，变幻莫测，凡人的力量是没有办法抗衡的。薛应龙、刘家兄弟及众将士被团团困住，惨死阵中。

　　神仙布阵斗法的情节，在中国古典小说中很常见。如《三国演义》，诸葛亮与敌人应战时，也是先请示众仙布下兵阵，将敌人困死于阵中。布阵斗法的场面炫人耳目、惊心动魄，将作品推

向高潮。

成为天仙所带来的实际利益很诱人：拥有永恒的生命，地位尊贵，法术超强。但成为天仙的路途非常漫长，少则几十年，多则几千年。《太平广记》中的刘晦，只不过几十年的修行，在得道高人的指点下升为天仙，极为少见。绝大多数成为天仙的，都类似于《庸庵笔记》中的老狐、李祖娥，要历经数千年的磨难，接受常人难以忍受的考验。即使成为天仙，也不是铁板钉钉，还得信守天规，犯错即被罚入人间，历经更多的劫难和煎熬。那么，当个逍遥于世间的地仙怎么样呢？

（二）地仙

地仙，顾名思义，是指生活在地上、人世间的仙人，大多是通过后天修炼成的。大家熟悉的颛顼的玄孙彭祖，滑稽、戏谑的东方朔，诡异、擅长兵法的鬼谷子等，都是地仙。尤其是彭祖，相传活了八百八十岁，是长寿的象征。清代薛福成《庸盦笔记》卷三形象地解释了什么叫地仙："罗浮山中有黄道人，相传东晋时，葛洪炼丹仙去，道人捞其鼎中余丹吞之，遂为地仙。时时披发鼙衣，出行山中。"罗浮山的黄道人，吃了葛洪炼丹炉中剩下的仙丹后，就脱胎换骨成为地仙，在山中随意出入。此书卷五的"汉宫老婢"，张皇后死后，感谢婢女服侍的恩情，成仙后命令仙女送一粒神丹给她，说张皇后已经成为天界的神仙，为感谢她忠

寿星彭祖　　　　东方朔　　　　　鬼谷子（清人绘）

心服侍的恩情，送一粒神丹给她，吃了可以成为地仙。服食仙丹后，婢女全身长毛，成为不怕冷不怕热的毛女地仙。相比天仙，成为地仙简单易行。对怕受苦受累的凡人来说，他们更倾向于修炼为地仙。

　　中国古代小说涌现了众多与地仙相关的故事。这是人重视享乐，不想受苦心理的反映。成为地仙的难度虽不及天仙，只要跟神仙有缘就有机会，但缘分不是凭空产生的，

毛女（山西应县佛宫寺释迦塔出土）

天上不会无缘无故掉下馅饼。修道的人必须善良、虔诚,对修道要满怀信心,精心侍奉神仙。东晋道学家葛洪《神仙传》中的主人公马鸣生,因与神仙有缘,获救后,虔诚信道,任劳任怨地服侍神仙,最终获得灵药成为地仙。马鸣生是山东临淄人,年轻的时候当过县衙里的小官,在抓捕强盗的过程中,身受重伤。可巧的是,他遇到了救死扶伤的神仙,神仙用仙药救活了他。马鸣生觉得无法报答神仙的救命之恩,就辞去官职跟着神仙修仙去了。刚开始,他只想得到医治刀枪伤的药方,造福百姓。后来,他知道神仙有长生的秘术后,就死心塌地地跟着神仙,当神仙的随从周游天下,辛苦勤劳地侍奉神仙很多年后,神仙给了他三卷《太阳神丹经》。马鸣生按照经卷上说的方法配药服用,因为不愿升天成仙,只吃了半副药就成为地上的神仙,永远住在人世,青春长存。

地仙不像天仙,高高在上,冷眼俯瞰人世间。他们热心助人,知恩图报。清代纪昀《阅微草堂笔记》卷十四"花妖妻妾"中的地仙,就是一个懂得报恩、极富人情味的仙人:有个姓崔的读书人,因犯罪被罚到广东戍边。路途遥远,他担心带着家人去会出现意外,便将妻子和妾留在家中,一个人前往。到了戍边的地方后,孤独愁闷,情感没有寄托。偶然间遇到了一个自称姓董的老翁,他们言谈默契,十分投缘。原来,这位老翁是地仙,上辈子和崔生曾经一同做官。老翁死后,姓崔的书生千方百计奔走,将他的妻儿送回了家乡。这件事让老翁深受感动。想到现在的崔生落魄潦倒、背井离乡、远离妻妾，就邀请他担任儿子的老师，师徒间相处很融洽。老翁又想到崔生孤苦伶仃，无人照顾，于是招来花妖，幻化成他妻妾的样子，和他一起生活。时间一晃过去好几年了，崔生遇到赦免总算可以回家了，老翁才将自己的真实身份，以及整个事情的前因后果告诉崔生。老翁虽是神仙，但他的重情重义，给人留下深刻印象。

相比天仙，学道的人更愿意当地仙。因为天仙一旦羽化登仙，就与世隔绝，只能翱翔于仙雾缥缈的云天。李商隐的名诗《嫦娥》，就有"嫦娥应悔偷灵药，碧海青天夜夜心"的诗句。地仙既可与仙人结交，又可自由往来人间。葛洪在《抱朴子》与《神仙传》中再三强调，地仙可以成为天仙，但他们更愿意停留世间，遨游名山，游戏人间，是群仙中"不欲升天者"。《神仙传·白石生》里的彭祖就是地仙中的典型。有人问他为什么不服药升天，他回答天上有太多的神仙要侍奉，没有人间快乐，比人间更苦。他看穿了神仙世界与人世间一样的等级森严，宁愿选择做一个在人间长生不死、饮酒作乐的地仙，也不愿升天去做天仙。明胡应麟《少室山房笔丛·玉壶遐览》卷二中，也透露这种讯息：

　　道经所载玄天五城之上，仙圣阶秩高下森如。信若所言，其莅事举职劳不啻于人间，王元泽所谓千岁何益？白石先生宁为地仙不乐飞升，有以也。

天上仙人的品阶与人间的官阶没有差别，等级泾渭分明。天仙即使有上千年的寿命，可要侍奉那么多的仙人，还不如当一个潇洒自在的地仙。这种地仙思想，一方面充分反映汉魏晋时期文人士大夫对"自然"与"名教"的信守：顺应"自然"，逍遥于山林，是为了保全自我，不受世俗的牵累；不放弃"名利"，是为了享受红尘，担负应有的责任。另一方面，也反映出中国人"重实际"的现实性格。既能享有功名利禄，又能悠闲、畅快地生活在人世间，不受任何羁绊，这是中国古代士人普遍追求的一种理想生活。

（三）尸解仙

尸解仙处于神仙品阶中的最底层。"尸解"一词源自远古时期原始宗教信仰的不死观念。所谓尸解，英国人类学家弗雷泽的《永生的信仰和对死者的崇拜》在研究原始民族死亡起源神话的时候，将其归为"蛇蜕皮类型"。这一类型神话的产生，主要是原始人观察蛇或蜥蜴等爬行动物蜕皮后获得新生命而产生的联想。他们认为，如果人能像蛇一样蜕去皮壳，也能获得再生能力。古代的中国，也有类似的不死信念。现在考古挖掘出土的一些文物，常常发现蝉、蛇、蜥蜴等形状的器物，即基于蝉蜕的再生信仰。这是神仙尸解的一种原始形式。

到了两汉时期，道教盛行，神仙思想盛极一时，蝉蜕、蛇蜕的不死信仰普遍流传。刘安和其门下方士集体编写的《淮南子》，将蝉、蛇的蜕皮当作成仙的依据，相信神仙通过尸解获得新的生命："抱素守精，蝉蜕蛇解，游于太清，轻举独往，忽然入冥。"（《淮南子·精神训》）东汉仲长统在《述志诗》中也有类似的说法，神仙通过尸解变化获得永生："飞鸟遗迹，蝉蜕亡壳。腾蛇弃鳞，神龙丧角。至人能变，达士拔俗。"这种观念被中国古代小说所继承。

宋彭乘《墨客挥犀》卷八中的李预仿效古人，长期食用蓝田玉，死后成为尸解仙：李预得到古人食用玉石的秘法，亲自到盛产玉石的蓝田开采，获得了约一百块玉石。他将其中的七十块碾成粉末，每天按时食用。有一天，他病重将死，对妻子说："我死后尸体不同于常人，不要马上将我安葬，要让世间的人看到我尸体的奇妙，明白食用玉石的好处。"果然，他在炎热的七月死去后，尸体停留在家中四天，看上去跟活着的时候一样，没有任何变化。丈夫死后的奇异，让妻子坚信食用玉石可以成仙。她用嘴含着两枚玉石喂给丈夫，丈夫的嘴巴像活人一样打开，将玉石服下。道士们都认为，李预已经得道成为尸解仙了。

服食炼制的丹药，加上道教的吸气导引等健身术，也可以让人修炼成仙。明蒋一葵《尧山堂外纪》卷十一中的葛洪就是如此：葛洪年轻的时候，学习儒家思想，但他最感兴趣的却是道教的呼吸吐纳等强身健体之术。晋元帝年间，葛洪担任散骑常侍的官职，因平定叛乱有功，被赐予关内侯的爵号。他主动请求到勾

葛洪移居罗浮山炼丹（元王蒙藏故宫博物院）

漏当一个小小的县令，主要是为了能在罗浮山炼丹。他写完《抱朴子》这本书后，便尸解成仙了。

善良、谦逊的人，努力修行，也能成为尸解仙。葛洪《神仙传》中的蓟子训是齐国人，年轻的时候，做过州、郡一类的小官，也曾被举荐担任孝廉。后来从军，被任命为驸马都尉。蓟子训虽然有道术，但是性情清淡，待人接物讲究礼让和信义。有一天，奇怪的事情发生了。他见邻居抱着一个小孩，十分喜欢，就要来抱。没想到，一失手把孩子掉在地上摔死了。邻居没有埋怨蓟子训，将孩子埋了。过了二十多天，蓟子训问邻居还想不想要孩子。邻居说："这孩子大概命中注定不该长大成人，死了这么多天，不再想他了。"令人不敢相信的是蓟子训把那孩子活生生地抱了回来，棺材中留下的只不过是一个六七寸长的泥娃娃。更神奇的是，和蓟子训闲谈的白发老人，一个晚上雪白的胡须头发都变黑了。……有一天，蓟子训知道自己寿命将尽，到陈公家说："明天中午，我就走了。"陈公问他走多远，他说再也不回来了。陈公送了一套葛布单衣给他。第二天中午，蓟子训果然死了。死后，他的尸体僵硬，手脚都叠放在胸前不能伸直，尸身散发出浓郁的香气，弥漫整个街巷。将他装殓入棺还没到出殡，棺木中发出雷霆般的轰鸣，闪光把屋子庭院照得通亮。守灵的人吓得趴在地上。棺材盖裂开飞到空中，棺材中的尸体不翼而飞，只剩下蓟子训的一只鞋子。过后不久，沿着大道向东的方向，传来人马嘶鸣声、箫鼓管弦的奏乐声。几十里大道飘着的香气，一百多天都没有散去，原来蓟子训已经尸解成仙了。

蓟子训尸解成仙的神异，描绘得细腻生动：雷霆将棺材振开的轰鸣，惊心动魄；箫鼓齐鸣的美妙乐声，凭空消失的尸体，经久不散的香气，令人遐想无限。这几则故事，都只是单纯地渲染尸解的神奇，吸引读者信仰道术。有些小说作品，作者淡化故事的宗教色彩，赋予此类故事深刻的蕴含。

宋洪迈《夷坚志》卷十八"饶廷直"描述了主人公奇幻的一生：饶廷直年轻的时候，中过进士，为人豪放、有气节。宋高宗绍兴七年，他经过武昌与奇人相遇后，便和妻妾分居，住在幽静的山林，过起了清修道士的生活。宋代庚申年间（公元1140年），朝廷收复河南后，任命饶廷直为邓州通判。不久，金国撕毁盟约，进攻并占领了邓州。为了民族气节，饶廷直上吊自杀，以身殉国。他的灵柩运回家乡的途中，抬棺材的人觉得很轻，但没有人敢打开看。有人怀疑他应该是尸解成仙了。"饶廷直"真实呈现了宋代军力较弱，受到金国等少数民族侵扰的历史。宋代兵力虽不足以抵抗金国的侵略，但官员将士勇敢地与之斗争，坚决不投降，展现了文人士大夫的铮铮铁骨。饶廷直的忠贞爱国，也让他得到了上天的眷顾，最终尸解成仙。

士大夫坚持自己的操守，不汲汲于富贵功名，专心修行成为地仙，大家所熟悉的莫过于《韩湘子传说》中韩湘子、韩愈的故事。传说韩湘子是韩愈的侄孙，天生一副仙风道骨，做事率性而行，喜欢恬淡清幽，厌恶繁华艳丽。红粉佳人不能让他动心，美酒佳肴不能惑乱他的心智。他一门心思地在道学修炼上下功夫，让韩愈十分痛心。韩愈多次劝诚他，要他好好读书、做学问。韩湘子却回答："我学的和您学的是不一样的。"韩湘子不听管教，韩愈非常恼怒，对他严厉斥责。有一天，韩湘子外出求道寻师，恰好遇到了神仙吕洞宾、汉钟离，于是韩湘子离家出走，跟随他们学道，并得到了真传。后来，韩湘子经过一片桃子熟得红透的仙桃林，食欲大增，迫不及待地攀树摘桃，没想到树枝突然折断，韩湘子从桃树上掉下来摔死了，死后变成了神仙。韩湘子受过韩愈很多恩惠，成仙后也想度化韩愈，但韩愈不信道。无奈之下，韩湘子只好用法术让他信服。正好那年大旱，皇帝命令韩愈去南坛祈雨雪。韩愈祈求多次，天上没有一点儿要下雨的样子，朝愈面临被罢官的危险。韩湘子假扮成一位道士，在街头立了一块招牌，上面写着："出卖雨雪。"韩愈手下的人看见后，马上通报韩愈，韩愈立即派人请他一起祈祷。只见道士登台作法，一会儿鹅毛大雪纷纷飘落。韩愈却不信这是道术的作用，反质疑道士："这雪是我求来的，还是你求来的？"道士说："是我求来的。"韩愈说:"你有什么证据?"道士说:"下的雪有三尺三寸厚。"韩愈派人度量丝毫不差,才相信道术的不同凡响。还有一次,韩愈生日,亲朋好友登门致贺,韩湘子不请自来。韩愈见到他又喜又怒,问他:"你在外面游历这么久了,不知道你的学问是不是有长进,请作一首诗来

韩愈被贬蓝关与韩湘子相遇

表达你的志向。"韩湘子开口便吟:"青山云水隔,此地是吾家;手扳云霞液,宾晨唱落霞。琴弹碧玉洞,炉炼白朱砂;宝鼎存金虎,芝田养白鸦,一瓢藏造化,三尺新妖邪;解造逡巡酒,能开顷刻花。有人能学我,同共看仙葩。"韩愈听完他吟的诗,问他:"你有法术吗?"并且命他造酒开花。韩湘子将一个酒缸搬到大厅,用金盆盖住。过了一会儿,打开金盆一看,里面装满了美酒,香气四溢。韩湘子又将泥土聚在一起,堆成土堆,很快,土堆中盛开与牡丹差不多大小的花朵,鲜艳欲滴,比牡丹更华丽。花上有两句诗:"云横秦岭家何在?雪拥蓝关马不前。"韩愈不明白诗句的意思。韩湘子说:"天机不可泄漏,以后都会应验的。"酒席散了后,韩湘子向韩愈告辞离开。唐宪宗时,韩愈反对皇帝

迎接佛骨。宪宗大怒，贬韩愈到潮州任刺史，必须在规定的时间动身。韩愈跟妻子、孩子告别后，在去潮州的途中遇到了暴风雪，雪有好几尺深，马根本不能前行，附近也看不到一户人家。想照着来的路回去，但找不到回去的路。风雪交加、饥寒交迫，不知道路在何方，韩愈心里愁苦万分。绝望的时候，忽然看见韩湘子冒着严寒扫雪而来。韩湘子问韩愈："您还记得那朵花上所写的诗句吗？"韩愈问："这是什么地方？"韩湘子答道："这里是蓝关。"韩愈感叹良久说："冥冥之中自有定数，我为你补齐那花上没有写完的诗句。"这就是《左迁至蓝关示侄孙湘》："一封朝奏九重天，夕贬潮阳路八千。欲为圣明除弊事，肯将衰朽惜残年。云横秦岭家何在？雪拥蓝关马不前。知汝远来应有意，好收吾骨瘴江边。"韩愈在韩湘子的帮助下，终于相信湘子说的都是真的。几年后，韩愈被韩湘子度化成仙。

在古代，女性的地位很卑微，依赖男性而生存。她们经常遭受不公正待遇，有时只能以死抗争来证明自己的清白，如干宝《搜神记·东海孝妇》：东汉的时候，东海这个地方有一个孝妇远近闻名。她虽然很早就死了丈夫，又没有儿子，但赡养婆婆进学细心周到。婆婆看她年纪轻轻地跟着自己守寡，不想拖累她，就上吊自杀。孝妇婆婆的女儿却怀疑母亲是被孝妇害死的，官吏将孝妇抓入狱中，对她严刑拷打，屈打成招，被处以死刑。孝妇被砍头示众的时候，许下三个愿望，如果是蒙冤被杀，血将倒流、六月飞雪、大旱三年。孝妇被杀后的三年，郡中果然大旱，直到

新上任的太守亲自祭奠并
表彰她的德行，天气才恢
复正常。东海孝妇的故事
对后世影响深远，关汉卿
以东海孝妇为原型，在此
基础上创作了悲剧《窦娥
冤》。后世的小说也刻画了
很多贞洁烈妇的形象，贞
洁烈妇的德行得到上天褒
奖，死后也能成仙。

东海孝妇

　　《海烈妇百炼真传》是清代的白话长篇小说，又名《百炼真
海烈妇传》，共十二回。书题为"三吴浪墨仙主人编辑"，亦题
"三吴墨浪仙主人编辑""三吴墨浪主人编次"，作者真实姓名不
详。书中的女主人公海烈妇是一位贞烈女子，她以死明志，得到
上天垂怜，死后成为尸解仙。故事情节大致如下：康熙初年，徐
州人陈有量听信街头道士的哄骗，不听妻子海无瑕的劝告，到松
江投靠亲戚。没想到，亲戚已经搬到别的地方。举目无亲，经济
困顿，夫妻俩只能流落常州。当地的无赖杨二，看到陈有量的妻
子海氏长得花容月貌，起了不良之心。他假意跟陈有量结为兄
弟，借机接近海氏。海氏十分聪明，知道杨二居心不良，劝诫丈
夫不要和他来往。陈有量是迂腐书生，并不把妻子的话放在心
上。后来，杨二与另一地痞丁林合谋，逼迫陈氏夫妇上船回家

乡，想趁陈有量离开船买东西的时候，占有海氏。海氏奋力抵抗，呼救时被其他人发现，逃离了魔爪。但是，她担心杨二不会善罢甘休，将身上的衣服全部缝上后自杀。事情发生后，刚好遇到清官彻查此案，海氏的冤屈得以昭雪。案件真相大白，海氏的贞洁令百姓敬仰，大家纷纷自发写祭文悼念海氏。突然，棺材中海氏的尸体发出轰隆的响声。打开一看，她虽然死了两个月，脸色却和活人一样，浑身散发出浓浓的香气，原来已经尸解。

小说塑造的海无瑕这一烈妇形象，贤良淑德，与丈夫患难与共，忠贞不渝；遭受歹徒欺凌时，毫不屈服，维护了自己的贞洁和尊严。上天也因此加以褒奖，让她尸解成仙。

尸解仙品阶虽低，也属于神仙。人生前如果德行善良、坚持清修、炼制丹药等，死后都可以重生，再一次获得生命。相比天仙，普通人在较短的时间里就可修炼而成尸解仙，这是一种神仙速成的方法。根据北宋年间张君房编写的《云笈七签》，尸解的方法有多种，主要有火解、水解、兵解、杖解、剑解："夫解化之道，其有万途……或坐死空谷，或立化幽岩，或鬓发但存，或衣结不解。乃至水火荡炼，经千载而复生；兵杖伤残，断四肢而犹活。"（卷八十五《太一守尸》）同卷《太极真人遗带散》进一步说明："凡尸解者，皆寄一物而后去。或刀，或剑，或竹，或杖，及水火兵刃之解。"尸解遗弃肉体而仙去，往往要假托某一物体，如杖、剑、刀等才能升天。唐代戴孚《广异记·丁约》，道士丁约因叛乱罪被抓获，法场上他遇到了多年前的好朋友子威。丁约在众目睽睽之下，褪去身体皮囊，卸下镣铐，与子威畅谈，告诉子威成为尸解仙的途径："道中有尸解、兵解、水解、火解，实繁有徒。"凡人借助日常生活中常见的某一物体可以速成神仙，为生活在艰难困苦中的人们提供了心灵的慰藉。《海烈妇百炼真传》中的海烈妇虽然被逼死，但她的成仙而去，为其他像她一样有过相同遭遇的女性，在心理上提供了些许希望和寄托；《夷坚志》卷十八的饶廷直，为国捐躯后成仙，激励其他将士为国英勇战斗；《神仙传》中蓟子训的故事，告诉人们，勤心修炼可避免世间纷争的困扰。

尸解以宗教信念解释死亡现象，是远古时期人们的一种神灵信仰。这种信仰被道教所利用，为失意、困惑的人们找到了精神的依靠，安慰、满足了处于不同困境的人的心理。

二、神仙人物篇

古往今来，中国到底有多少神仙？陶弘景《真灵位业图》给神仙建立了一个谱系，通过这本书，就能大致了解中国神仙的基本情况。如处于第一等级，管理整个宇宙、衍化天地万物的元始天尊；位于第二等级，为"万道之主"的玄黄大道君；主管第三、四等级的太极金阙帝君、太上老君等。《西游记》《封神演义》《绿野仙踪》《八仙得道传》等古典小说，也汇集了大量的神仙人物。从这些通俗文学作品，可以窥见许多神仙的行迹。比如，高高在上、总管各路神仙的西王母、玉帝；居住在月宫，仅有一只玉兔相伴的孤寂的嫦娥仙子；在相思煎熬中，苦等七月初七跟心上人相会的织女；遵循天意，将红绳系在有情缘的男子、女子的手脚上，以促成男女婚姻姻缘的月下老人；面目红黑，手执大刀，可以吓退鬼怪，守护钱财的关公；遨游人间，替百姓消灾除祸的八仙等。

上面所提及的这些神仙，几乎家喻户晓。但是，大家知道婚姻神、嫦娥、关公等神仙人物，最开始时的样子跟我们现在所知道的截然不同吗？现在我们就追溯他们最初的形象及发展、变化，揭开他们真实的面目吧。

（一）媒婆神到男媒神：月下老人

在中国人的观念中，久旱逢甘露、他乡遇故知、洞房花烛夜
和金榜题名时是人生四大喜事，说明婚姻大事对人生是非常重要
的。茫茫人海中，怎样才能找到合适的伴侣？婚姻到底是偶然巧
合还是上天的刻意安排？苦苦寻觅的人们产生了许多困惑。月老
故事的产生，是民众对婚姻问题的答案。月老作为一个红喜事的
神，他主管人世间男男女女的婚姻。即便双方天南海北素不相
识，抑或前世今生有血海深仇，只要他将一根肉眼凡胎看不见的
红绳系在双方的脚上，便能成就婚姻。

月老这一形象最先出现在唐代李复言的小说集《续玄怪录·定
婚店》中。据说唐代的时候，杜陵有个叫韦固的人，很小父母就
过世了。为延续家中香火，他想早点娶妻生子，可运气总是差那
么一点点，多次求婚都没有成功。有一天，他到清河游玩，住在
宋城南面的一家旅店。没想到好事来了，有一个人主动向他提
亲，女子还是清河前司马潘昉的女儿。这人还跟韦固约好，明天
一大早在旅店西面龙兴寺前相见。韦固求亲心切，月亮还没有西
沉，他借着月色提前到了龙兴寺。突然，他看到一位背着口袋的
老人坐在台阶上看书。出于好奇，韦固停了下来，偷偷地观察老
人和他看的书，没想到书上的字一个也不认识，便问老人："老

月下老人与韦固

人家您看的是什么书啊？我从小就发奋读书，虽算不上学识渊博，但自认为没有不认识的字。可这本书上的字我从来都没有见过，这是怎么回事？"老人笑着说："这不是人间的书，你怎么会见过。"韦固更加惊奇了，问："不是人间的书，那是哪里的？"老人说："是阴间的书。"韦固问："您有阴间的书，表示您是神仙。神仙怎么到了这里？"老人说："阳间的事情都是由神仙决定的，神仙不能老待在天上，总要来到人间。今天我经过这个地方是有事要办，你来得太早，恰巧就遇到了我。"韦固问："您来到人间是处理什么事情？"老人说："天下人的婚姻大事。"韦固高兴地说："太好了！我从小失去了父母，无依无靠，正为婚姻发愁呢。麻烦您帮我看看，我跟潘司马女儿的婚事能成吗？"老人掐指一算，推测说："根据你的命相，这次不行。以后即使你降低身份，找个地位卑微的也得不到。你媳妇现在才三岁，要等她长到十六岁才能进你家的门。"韦固觉得老人的话太荒唐了，按照他的说法，他的亲事还要等十几年。这是不可能的，他绝对不能再等。他避开老人的话，问："您口袋里装的是什么？"老人说："将有夫妻缘分的两人的脚系起来的红绳。只要将这根红绳系上，不管是有深仇大恨，还是贫富悬殊，或是天涯海角，都会结合在一起。我已经将你的脚和那个小女孩的系在一起了，你再找别人也没有意义。"韦固沮丧地说："我将来的媳妇，家住在哪里？"老人说："旅店北面卖菜陈婆家的女孩。"韦固问："我可以去看她吗？"老人说："今天你遇到我，也是缘分。陈婆经常抱着她在市场上卖菜，你跟我走，我指给你看。"韦固说要先等见面的人来，可左等右等，一直到天亮都没有人来。在好奇心的驱使下，他跟着老人来到菜市场，看见一位只有一只眼的女人抱着一个三岁左右的女孩，衣服破破烂烂，相貌普普通通，一点儿都不讨人喜欢。老人指着女孩说："这就是你的妻子。"韦固生气地说："我绝对不要娶这样的女子做妻子，我可以杀了她吗？"老人说："这女孩命中注定会靠你享受荣华富贵，怎么可以杀她呢？"话刚说完，老人就消失不见了。韦固骂道："这个卖菜的老婆子长得这么丑，她女儿长大后肯定不见得有多漂亮。我们家身份这么尊贵，怎么能娶一个卖菜人家的女儿？"他磨了一把刀，交给仆人说："如果你帮我杀了这个女孩，我就给你一大笔钱。"仆人想都没想，就答应了。第二天，仆人把刀藏在袖子里来到菜市场，这天人来人往，特别拥挤，很好下手。他趁着人多混乱，拿起刀刺了女孩转身就跑。菜市场有人杀人，人们都惊慌逃命。仆人趁机逃走，没有被抓住。韦固问仆人："你刺中没有？"仆人说："开始想刺她的心脏，由于紧张，只刺到了眉间。"韦固心想，小女孩被刺中眉间，应该难逃一死，自己可以高枕无忧了。这件事情就这样过去了，他再也没有想起过。以后，韦固多次托人求婚，终究也没有成功。又过了十四年，他到相州参军刺史王泰手下任副官，负责审讯囚犯。因为精明能干，刺史王泰很欣赏他，要把女儿许配给他。娶亲当天，韦固揭开红盖头，看到新娘子清丽脱俗、容貌艳丽，非常满意。然而她在眉间总贴一个纸花，即使洗澡也从不拿下来。有一天，他忽然想起从前令仆人用刀刺中小女孩眉间的事，就逼问妻子。妻子潸然泪下，说出了自己的真实身世："我不是刺使大人的女儿，是他的侄女。我的亲生父亲是宋城县令，上任不久就去世了。不久，母亲和哥哥也相继去世。当时我还是婴儿，跟奶妈陈氏住在城南一家店铺的附近，靠卖菜生活。奶妈不放心我一个人，卖菜的时候总带上我。三岁的时候，不知道为什么有一个人无缘无故用刀刺中了我的眉心，现在还有疤痕，所以用纸花遮盖起来。七八年前，叔叔来到卢龙任职，找到并抚养了我。叔叔对我像亲生女儿一样疼爱，为了让我嫁个好人家，隐瞒了我只是她侄女的身份，以他女儿的名义出嫁。很抱歉，欺骗了你。"韦固问："陈氏有一只眼睛是瞎的吗？"妻子说："对，你怎么知道的？"韦固连忙向妻子道歉，惭愧地说："刺你的人是我派去的。"并感叹"奇怪呀，命运呀"，便把事情的经过都说了。从此以后，韦固相信命中注定的事，是不会因人的力量改变的。夫妻两人都不计前嫌，相敬如宾，过着美满幸福的生活。宋城县令听说这事后，为那家旅店题名为"定婚店"。

《续玄怪录·定婚店》中韦固婚姻的故事，告诉人们婚姻是上天已经注定的，月下老人只要将那根红绳系上，谁也改变不了。《定婚店》中的月下老人作为婚姻之神，是一位男性老者。但这不是婚姻神的本来面目，最先的媒神是女性。龚维英在《月下老人原为女性》这篇文章中说，女性的媒神到男性的月下老人，中间有一段演变的过程：月下老人作为媒婆之神，现在的人习惯称他为"月老"。就像《山海经》故事中的西王母，人们称她为"西姥"。在古代，"老"和"姥"字是相通的，发音类似于"母"字。老父的"父"，古代又与"甫""负"相通。"负"也可以写成"娸"，即"妇"字。《汉书·高帝纪》说，汉高祖刘邦小时候，常常跟着"王温、武负贳（shì）酒，时饮醉卧"，如淳注解时说："武，姓也。俗谓老大母为阿负。"颜师古也注解说："武负，武家之母也。"如淳和颜师古都认为，"武负"的意思是姓武家的老婆婆。由古今字读音变化可以推断，月下老人被称为"老父"，是因为文字古今音义的变化和通假误读出现的错误。上古真正主管婚姻的神仙，称作"高禖（媒）"，一般由氏族的高祖妣（大母神）担任，就像女娲、涂山氏、简狄等。汉代应劭《风俗通义》又说："女娲祷祠神，祈而为女媒，因置婚姻。"《路史·后纪二》："（女娲）以其载媒……是祀为高禖之神。"女娲是创造人类的始祖神，被信奉为孕育后代的"高媒神"。进入氏族社会后，本部落最年长、德高望重的女性祖先（大母神）被奉为高媒神，保佑青年男女婚恋大事的顺利完成。高媒神不但和月老同为媒神，而且都是女性，并和月老一样，都跟月亮密切关联，有时甚至媒神就是月神。如女娲就是月神，在出土的汉代砖画、石室壁画和绢画中，描绘的伏羲和女娲交尾图，女娲手里捧着的就是月亮。《山海经·大荒东经》说"有女和月母之国"，女和即女娲，和"妈"字古音通假。大母神为高媒神管理婚姻，自然而然地被称为"月母"。月母的"母"字，即"老""姥"字，因为古音通假，后来被称为"月老"就顺理成章了。经过变化，媒婆之神的性别变成了男性，"月老"反而被误认为是月下老人的简称了。

"月老"由"月母"误读，字的误读导致媒神性别由女性变成男性，唐小说中出现了主管人世间婚姻的男性老者神仙。月下老人这一形象的出现，符合当时人的婚姻理想，引起了人们极大的兴趣，小说中出现了许多与月老相关的故事。

蒲松龄在《聊斋志异》"柳生"中，讲述了月下老人促成了一段佳缘的故事：柳生机缘巧合得到高人的指点，精通相面术。周生是他的好朋友，出生在官宦之家。有一天闲谈，柳生对周生说："你呀，这一辈子都得不到什么功名，可是要想成为富翁，还是可以想办法的。可惜的是，你的妻子天生一副没福气的薄命相，不能帮助你转运，发展家业。"不久，周生的妻子果然死了。妻子死后，家里的事没有人料理，周生又不会精打细算，操持家政，日子过得一天比一天艰难。突然之间，他想起了朋友柳生说过可以帮助他成为富翁的话，打算请他帮忙找一个有福相的妻子。周生来到柳生家的客厅，喊了好几遍柳生才出来。柳生对周生说："这段时间我天天给你物色佳偶，现在总算找到了。刚才我正在屋里施法，求月老给你系红绳，所以没有出来。"周生听了很高兴，问他进展的情况。柳生说："刚才有人提了一个布袋子出去，你看见了吗？"周生说："看见啦，一身破衣服，像个乞丐。"柳生叹了口气，说："哎，那是你未来的岳父，你应该尊敬他才对。"周生苦笑说："看你跟我是好朋友，才敢跟你讨论私事，你怎么跟我开这么大的玩笑？我家境即使再不好，好歹也是官宦世家，怎么就沦落到要跟市井小民联姻的地步？"柳生说："乞丐又有什么关系？命运是会改变的。"周生问："你见过他女儿吗？"柳生答道："没有。我从来不认识他，连他的姓名还是问了以后才知道的。"周生笑道："你连他女儿的模样都不知道，又怎么知道他女儿能不能配得上我呢？"柳生说："我是算出来的。这位老乞丐虽然贫穷，可命中有一个福气大的闺女。不过，既然你这样说，勉强把你们撮合到一起一定有灾难，等我再问问神明吧。"周生回家后，不大相信柳生的话，暗地里多次托媒人跟好几家说亲，一家也没成。一天，柳生忽然说："我帮你约了一位客人，前来拜访。"周生问："是谁呀？"柳生说："先别问，快准备酒饭。"周生丈二和尚摸不着头脑，稀里糊涂地按着柳生的意思准备。一会儿，客人到了，原来是个姓傅的士兵。周生觉得用这么隆重的礼节招待一个小小的士兵，心中很不愉快，表面上敷衍着。但是柳生对士兵表现出很恭敬的样子。很快，酒菜就上来了，不过餐具非常粗劣。吃饭的时候，柳生站起来对客人说："周公子很早就仰慕您的大名，常常拜托我替他找您，希望有幸能与您相见一面。几天前见到您，听说您很快要远出打仗，才决定立刻请您过来。由于时间仓促，准备得不好，还请原谅。"喝酒的时候，姓傅的士兵说他的马生病不能骑了，柳生赶紧帮他想办法解决。等客人走了后，柳生批评周生说："这位朋友是再多的金钱也买不到的，你怎么对人家那么冷淡？"气急之下，柳生借了周生的马追上姓傅的士兵，谎称周生要把这匹马送给他。周生知道后虽然不高兴，也没办法了。第二年，周生要去江西投奔一位官员谋生，找柳生给他算算吉凶。柳生说："非常吉利！"周生笑着说："找你算没别的意思，只为了一件事：在江西如果有比较高的收入，我就买一个媳妇，证明你以前说的话都是不灵验的。"柳生诡秘地回答："一切都能按照你想的如愿以偿。"周生到江西后，遇上山贼叛乱，苦不堪言，三年都不能回家。等局势稍微平静下来，他选了一个好日子回家。没想到半路被山贼抓住，一起被抓的还有七八个人，他们拿出钱财后都获得了释放。只有他身无分文，被带到了贼窝。山贼的老大头问了他的家世后，说："我有个小女儿，还没有许配人家，我想把她嫁给你，你不要推辞。"周生一声不吭，要他娶一个山贼的女儿为妻，说什么都不能答应。山贼生气了，要把他斩首。为了保全性命，周生解释道："我之所以不答应这门亲事，是因为我只是个文弱书生，不能当兵，也不能打仗，留在这里不就成了您的累赘了吗？

您要是答应让我们小两口一起走，我会感激您的大恩大德的。"山贼老大想了想，说："我正发愁这丫头拖累我呢，这有什么不可以的。"说完，带着周生跟他的女儿见面。周生一看，是位十八九岁像天仙一样的美人。成亲当晚，周生问起媳妇的姓名家世，才知她父亲就是当年那个提布袋的叫花子。周生由此想到柳生的预言，夫妇两人都感叹了一番。过了三四天，山贼要送他们小两口离开，官兵又铺天盖地攻来，所有的山贼都被抓了。周生媳妇的爹娘先后被斩首，眼看马上就要轮到周生了。周生心想：这回肯定活不成了。正担心害怕，一位将官看了看他，说："这不是周生吗？"原来，姓傅的士兵因为立了军功，已经升为副将军了。傅将军叫人放了周生，周生撒谎说，跟随自己的还有一个买回来的媳妇。傅将军让他从山贼中找出媳妇，送给他们盘缠回家。周生和媳妇在回家的途中，媳妇对他说："父亲在一个地方埋了很多金银，我们先把父母的骸骨赎回来安葬，剩下的钱够我们生活了。"挖出金银安葬父母后，周生回到家中。佣人们都认为，周生这么久没回家应该已经死了，便将家产抢光了。听说主人回来了，无法交差，全都一哄而散，只剩下一个老婆子、一个婢女、一个老仆。周生觉得自己能够死里逃生已经很幸运了，就没有追究责任。一回家，就到处打听好朋友柳生的消息，想告诉他自己的奇遇，但没有人知道他去了哪里。娶回家的这位女子，十分能干，比男人还强，没几年家产就积累到几十万了，周生家又成为富甲一方的大家族。

周生的命运很坎坷，经历了许多波折。坎坷过后，他的命运像柳生预言的一样，娶到了美貌能干的妻子，家业也重新振兴，成为当地的富绅。周生之所以时来运转，一个很重要的原因是柳生拜托月老为周生找到了能给他带来好运、有福相的妻子。

宋代刘斧《青琐摭遗·辛秘绿衣》，讲述了一个辛秘与月下老人相遇的故事：辛秘才学横溢，考中科举后就赢得了权贵的青睐，结了一门好亲事。走到陕西时，因为太疲惫了，他便靠在一棵大树上休息。大树旁边坐着一个乞丐，乞丐问他："你要到哪里去？"辛秘嫌弃乞丐全身脏兮兮的，没有回答。休息好后，他骑上马再次出发。乞丐也骑着马随着他一起走。乞丐虽然衣衫褴褛，他的马却是千里好马，辛秘的马不管怎样赶也甩不掉乞丐，乞丐不紧不慢地总与他保持一段距离。乞丐笑容满面，常常找一些话跟辛秘闲聊，辛秘爱理不理。路途中，遇到了一个穿绿衣服的人，辛秘上前与他交谈，可没过一会儿，穿绿衣服的人骑着马向前狂奔，辛秘十分惊愕，就问乞丐。乞丐告诉他："穿绿衣服的人马上就要死了，即使他再怎么跑，也躲不掉。"辛秘大吃一惊，问："你怎么知道的？"乞丐深藏不露、神秘兮兮地说："到了你就知道了。"两人走到前面的旅店，果然穿绿衣服的人刚刚死去。辛秘才知道自己遇上了高人，立即下马谦恭地向乞丐行礼。乞丐再次问辛秘："你要去哪？做什么事情？"辛秘回答道："我要去娶亲。"乞丐说："这次缘分未到，肯定不能成功，你的姻缘还要等很久。"第二天，将要分别的时候，乞丐送给辛秘一根有结的丝织品，并嘱咐等他遇到有疑问的事情，再将结打开。二十年过后，辛秘早就忘记了这件事，这时他已经当上了渭南的县尉，跟裴氏成婚了。在妻子裴氏生日与亲友相聚的宴席上，辛秘突然记起了乞丐说的话，便拿出珍藏的绫缎，打开结一看，里面有一张手掌大小的纸，上面写着："辛秘的妻子姓裴，在某年某月生。"辛秘算了一下，他跟乞丐告别的那天，他的妻子还没有出生。这时他才明白，与他相遇的是月下老人。

月下老人的故事流传很广。明人刘兑编了一出《月下老定世间配偶》的杂剧，就是表演这一类型的故事。明人张四维《双烈记·就婚》说："婚姻男女本由天，岂不闻月下老之事乎？千里姻缘着线牵。"男女的婚姻是上天注定的，即使相距千里，只要一根红线就能将两人的命运紧紧连在一起。明人沈受先《三元记·谒相》也说："赤绳系足前生定，月老姻书宿世缘。"人的婚姻，前世就已经由月下老人定下了。清代曹雪芹《红楼梦》第五十七回中，薛姨妈对黛玉、宝钗说了这样一段话：自古以来，就传说千里姻缘一线牵。管姻缘的月下老人，暗地里将一根红线系在两个人的脚上，任凭你两家隔着海、隔着国，有世仇的，也终究有机会做夫妇。如果月下老人没有用红线将两人拴上，即使再亲近，也不能走到一起。

月下老人的传说，反映了古代人民在婚姻不能自主的情况下，用消极的宿命论观点进行解释。古往今来，多少痴男怨女不能获得理想的婚姻，但他们宁愿相信是月下老人让他们命中注定如此，只能自己默默忍受。同时，月下老人也让还没有婚恋的少男少女，对婚姻怀揣着美好期许，幻想月老给自己结一门好亲事。月下老人手中结成姻缘的红线，根据唐代史籍记载，是结婚中的一种仪式；到了宋代，红线被"牵红巾"所代替；到了清代，又变成在婚礼中扯红帛或红布，新郎、新娘各自拿着一端，走入洞房。月下老人作为婚姻的神使，赢得了许多善男信女的信奉，但供奉月下老人的庙宇在清末光绪年间才出现。著名藏书家丁松生在杭州西湖白云庵，建造了第一座供奉月下老人的祠堂。这座月下老人祠堂，有一副著名的对联："愿天下有情人，都成了眷属；是前生注定事，莫错过姻缘。"这副对联，在刘鹗《老残游记》中曾经两次出现，看来月下老人庙的对联让刘鹗留下了很深刻的记忆。此后，供奉月下老人的庙宇如雨后春笋般在各地出现。相传农历八月十五是月下老人的生日，这天很多孤男寡女都会到庙里祈求月老赐予好姻缘。得偿所愿的夫妻，则会带着喜饼喜糖去还愿，感谢月老的成全。虽然月老传说和姻缘天定带有浓厚的迷信色彩，但从另一个方面反映了民众对理想婚姻的向往，寄托着他们对美好幸福婚姻的期待。

（二）从道家始者到道教领袖：太上老君

太上老君本是天上的神仙，怎么会跟道教的创始人老子扯上关系呢？接下来，我们就一一进行说明。

老子是历史上真实存在的人物。在中国的神仙体系里，由历史人物演变为神明的，最明显的要数老子。根据《史记》记载，老子姓李，名耳，字伯阳，谥曰聃（dān），陈国苦县厉乡曲仁里（今河南鹿邑县太清宫镇）人，约生于公元前571年至公元前471年之间，曾做

老子画像

过周朝的"守藏室之史"（即管理国家典籍藏书的官员）。传说老子在当时的影响力很大，好学的孔子曾向他问礼。后来，老子看到周王室日益衰微，就辞去官职向西方前行。经过函谷关时，应函谷关令尹喜的邀请，作《道德五千言》（即《道德经》）。出关后，就再也不知道他的去向了。可见，老子主要是作为思想家留名青史，并没有被神化。老子的思想价值及对中国的贡献，用英国科学家李约瑟的话来说："中国如果没有道家思想，就像一颗烂掉了根的大树。"自从老子的学说产生以后，研究老子及其专著的风气流行了两千多年，经久不衰，成为一种根深蒂固的信仰。

西汉初年，刘邦结束了秦国的战乱，建立了统一的政权。以他为代表的统治者吸取了秦朝灭亡的教训，以黄老思想治理天下，把老百姓衣食无忧、安居乐业作为治国的根本，不过多干涉

老百姓的日常生活。这种政策的实施，取得了显著成效，经济得到发展，人们生活有很大改善。老子思想日益深入人心，在社会占据重要地位。东汉顺帝时，道教创始人张道陵（初名张陵）利用道家思想，在四川鹤鸣山创立正一道（又叫天师道），以《道德经》为主要经典，自称得到了"柱下史的真传"，老子被神化为道教的教主。葛洪《神仙传》说：

张道陵天师

张陵本太学书生，博通《五经》，晚乃叹曰："此无益于年命。"遂学长生之道。得黄帝九鼎丹法，欲合之，用药皆糜费钱帛……闻蜀人多纯厚，易可教化，且多名山，乃与弟子入蜀，住鹄鸣山，著作道书二十四篇。乃精思炼志。忽有天人下，千乘万骑，金车羽盖，骖龙驾虎，不可胜数，或自称柱下史，或称东海小童，乃授陵以新出正一明威之道。

张道陵是道教第一代天师，东汉沛国丰邑（今江苏丰县）

人。他是汉代留侯张良的第八代子孙。当他七岁的时候，就阅读了老子的《道德经》二篇。长大成人后，进入太学学习。他通晓天文、地理、诸子、五经，知识渊博，慕名而来跟他求学的有一千多人。但他觉得平生所学习的治国安邦的道理，对延长生命没有任何帮助。因此，就弃官归隐山林。后来，听说四川的民风淳朴，容易教化，就到鹄鸣山（又称鹤鸣山）修道。经过长时间的修炼，自称为"柱下史"或"东海小童"的仙人带领众多随从前来授予其"正一道"的道法。据说这位来自天上的"柱下史"，就是先秦思想家老子（根据典籍记载，老子曾经担任周朝的柱下史）。经过老子的点化，张道陵创立了道教的第一个派别"正一道"。这样一来，本来是思想家的老子被神化。同时，张陵撰写《老子想尔注》一书，宣扬道教的教义。《老子想尔注》说：

一者道也……一在天地外，人在天地间，但往来人身中耳，都皮里悉是，非独一处。一散形为气，聚形为太上老君，常治昆仑，或言虚无，或言自然，或言无名，皆同一耳。

张道陵认为，"一"就是道，"道"也是"一"。"道""一"散形变成气，凝聚成形就是"太上老君"。他将老子看成是"道"的化身，是生养万物的神灵。《老子想尔注》是道教典籍中最早称老子为太上老君的。老子被神化后，关于老子出生的灵异故事开始出现。葛洪《神仙传》卷一讲述了老子出生时的神奇。一般来说，婴儿在母亲身体里孕育的时间为十个月，老子在母亲肚子里待了七十二年才姗姗来到人世间。出生的时候，他从母亲腋下钻出，头发雪白，会说话，指着李子树告诉家人，他以李树的"李"为姓。

西汉末东汉初，佛教传入中国，道教面临佛教的挑战。佛教讲究"因果轮回""三生报应"，人有过去、现在、未来三世，相对应的，有过去佛、现在佛和未来佛进行管制。道教徒感觉本教只信奉一尊神，太势单力薄了，就产生了老子"一气化三清"的说法，弄出三尊神来壮大声势。是哪三尊神呢？就是玉清、上清、太清。其中，太清就是太上老君，也是道德天尊，排在三位神仙的最后。还有一种说法，玉清、上清、太清都是由老子化生的，老子是至高无上的神。老子"一气化三清"的说法，在明代许仲琳《封神演义》第七十二回有体现：太上老君与通天教主在"陷仙门"斗法，难分难解的时候，太上老君将坐骑青牛轻轻拎起来，跳出"陷仙门"，推开头上的帽子，头顶出现三道气，三道气化出三个人：上清、玉清、太清。通天教主不认识老子化生的三清，迷惑慌乱中，老子趁机进攻，逐渐占据上风。

东汉末年，道教与佛教抗争白热化，出现了"老子化胡"说。"老子化胡"包括两个层面的意思：一层是老子到印度或西域化身为释迦牟尼，成为佛教的始祖；另一层为老子到印度或西域教化胡人，释迦牟尼是老子的弟子。不论是老子化生为释迦牟尼，还是老子到印度、西域教化胡人，充当释迦牟尼的师傅，都

是为了表明佛教源于道教，道
教的地位比佛教要高。

东晋王嘉编撰的小说《拾
遗记》所塑造的老子，已开始
与佛教徒有所接触。为了帮助
老子撰写《道德经》，浮提国
主动送来两位神通广大擅长书
法的奇人。他们一会儿变成白
发老头，一会儿变成黑发少
年，有时又隐藏身体露出影
子，有时只听到声音却看不见
身形，奇妙异常。他们从袖子
里面拿出四寸高的铜壶，铜壶
里装有像漆一样的墨汁。这墨
汁如果洒到地上、石头上，会

老子化胡图

变成古代的篆书、隶书、科斗文等各种文字。他们不分昼夜，尽
心竭力地帮助老子编写书籍，直到精疲力竭。等到铜壶里的墨汁
用完，这两个人就剖开胸腔，用滴出的鲜血代替墨汁写字。晚
上，还轮流把头骨钻开取出脑髓，用脑髓照明。等到脑髓和心血
都用完了，就从怀里掏出装有红色粉末的药管，把药末涂到身
上，骨头马上就合拢了，跟以前一模一样。历经千辛万苦，最后
完成了长达十万多字的《道德经》。老子对他们说，这本书写得

太繁杂了，要删除那些多余的部分，只保存五千字。《道德经》写完后，这两位奇人也就消失不见了。

《拾遗记》描写了《道德经》触目惊心的成书过程，淋漓尽致地刻画了异域浮提国人书写的神异。剖胸取出鲜血写字，钻开头骨取脑髓燃烧照明，伤口涂上膏药，即完好如初。这种技术即使在医学如此发达的今天也很难做到，这充分展现了古人大胆、丰富的想象力。《拾遗记》开创了小说等文学作品神化老子的先例，受此影响，后世涌现了诸多书写老子神异的作品。

唐宋时期，出于政治统治的需要，统治者竭力推崇老君、神化老子，老百姓对于太上老君的信仰达到高潮，太上老君的创世主神地位也得到强化。宋朝时期，谢守灏编辑《混元圣纪》一书，收集、整理了老君创世信仰的经书，收罗了老君在不同历史时期的种种神迹和灵迹。这样，老君就理所当然地成为至高无上的众神之尊主。此时期，还有老子"八十一化身之说"，历史上很多著名人物都变成了老君的化身，如盘古、伏羲、女娲等，都变成了老子

老子第四十六化授真经

的化身。凡人成仙，需要太上老君的度化；神仙想保留仙籍，需
要太上老君组织的考核。

唐代杜光庭《墉城集仙录》中的李真多就是在老子的引渡下
成仙：李真多是神仙李脱的妹妹，她随着哥哥在绵竹山中修炼道
术。小的时候她就不同于寻常，喜欢玄虚奥秘的道理，天生就有
仙风道姿。李真多修行了几百年，模样却像二十岁左右的人。端
庄的神情，严肃的气概，绝尘的风骨，让人不敢正眼去看。李真
多的修行，得到了太上老君的首肯。后来，太上老君和玄古三师
降临渡引她，使她先于李脱而白日升天。从这个故事可以看出，道
教不排斥女性，反倒尊重女性。道教中位列仙班的，不少都是
女性。

宋洪迈《夷坚志》补卷第十六"太清宫试论"，太上老君考
核天上神仙的仙籍及担任仙官的政绩，决定他们在仙宫的去留及
升迁：张勋本来是浙东安抚司的一名参议官，由于积累了很多德
行，壮年的时候就被天庭召入担任仙职。天上虽好，但家中妻小
很让张勋牵挂。他回到家中经常附身在小儿子身上，跟家人相
见。不过，他回到人间时往往狂风大作，大雨倾盆，场面很吓
人。张勋对待工作的勤恳、公正无私，得到了太上老君的赏识。
在有一年八月份的秋天，他参加了太上老君召集所有神仙的考
试，成绩为优等，职位获得了升迁。职位升迁的代价，就是他不
能再回到人间，只能委托其他仙人代他到凡间看望家人。

明清时期，道教在社会的影响力开始衰落，佛教占据上风，

但仍然进一步广泛传播，太上老君频频出现于小说。如明代清溪道人《禅真逸史》第六回"说风情赵尼画策　赴佛会赛玉中机"：沈全不供奉神仙，也不相信因果报应。他说，如果世界上真的有神仙，人就不需要种地，也不需要卖苦力，更不需要吃饭喝水，所有问题都可以仰仗神仙得到解决。人人之所以争名夺利，就是因为没有神仙，衣食住行等都需要靠自己。儒家思想才是维护社会稳定的根本。赵婆伶牙俐齿，对沈全的话进行反驳。她说，世界上共有佛教、道教、儒教三教，每教信奉的神灵各不相同：道教信奉太上老君，佛教信佛，而儒教信奉孔子，实际上三教是一教。盘古还没有出生，佛就已经出世了，太上老君、孔子都只是佛的化身。赵婆的思想，反映了当时民间对太上老君的看法：太上老君地位不及盘古，佛教中的佛远比太上老君尊贵。

　　在《西游记》中，作者在很多场合也表露出对太上老君的尊崇。如第六回"观音赴会问原因　小圣施威降大圣"：孙悟空不服玉帝管教，大闹天宫，冒犯了天界的威严。玉帝命大力鬼王派出真君二郎神与六兄弟到人间捉拿。玉帝与观音菩萨、王母等神仙在灵霄殿观战，很长时间二郎神都没有回来，玉帝开始着急起来，反复说："二郎神去了这么久，为什么还没有人回报？"观音双手合掌说："既然玉帝想知道真实情况，请和我一起到南天门外去看看虚实。"玉帝说道："你说得很有道理，我们去看看吧。"来到南天门，只见天罗地网，天兵天将已经将花果山团团包围。菩萨开口对太上老君说："我推荐的二郎神很不错吧？现在孙悟空已经被围困住了，只是没有将他抓住。我助二郎神一臂之力，肯定能将他拿下。"太上老君说："菩萨用什么法器？怎样帮助二郎神呢？"观音菩萨说："我将净瓶中的杨柳抛在那猴子的头上，即使不能打死他，也能让他摔一跤，二郎神就有机会将他抓住。"太上老君说："你的瓶子是陶瓷的，能打中当然好，万一打不中，或者撞到了金箍棒，瓶子就碎了。你先不动手，我来。"观音菩萨说："你有什么兵器？"太上老君说："金刚琢。"话刚说完，太上老君拿出金刚琢往孙悟空头上一扔，就把悟空套住了。这个金刚琢来历不凡，用锟钢、还丹炼成，很有灵性，水火不侵，能套取任何东西。当年，老子过函谷关教化胡人的时候，它就发挥了重要作用。小说对老子"化胡化佛"的肯定，无意中流露出对老子的推崇。又如第八十六回"木母助威征怪物　金公施法灭妖邪"，孙悟空与南山大王豹子精对骂：你这个大胆的毛团，你有几岁？胆敢称南山大王？太上老君才是开天辟地的祖师，他尚且坐在太清神的右边；如来佛是治理天上人间的最高神，也只能坐在大鹏金翅鸟的下面；孔子是儒教的创始人，他也仅仅称呼自己为夫子。这段话把太上老君的功绩推得很高，不经意间透露出的却是太上老君地位降低的讯息。太上老君不是最高的神灵，他位居太清神之下。《封神演义》中也是如此。太上老君虽是八景宫最高的神仙，但在他之上还有鸿钧道人，太上老君、元始天尊、通天教主都只是鸿钧道人的徒弟。

在《拾遗记》《神仙传》《禅真逸史》《西游记》《封神演

义》等古代小说中，太上老君逐渐被广大民众信仰与熟知。太上
老君由一位历史上真实存在的人物——老子逐渐被神化，成为道
教至高无上的尊神。到了唐代，道教在民间盛极一时，影响很
大。刚好唐代的统治者跟老子同姓，为了提高、巩固统治，唐代
的皇帝将自己神化为老子的后代，尊太上老君为先祖，对太上老
君的信仰达到高潮。宋代统治者依旧信奉太上老君，这个时期的
道教对老子图像进行了深化，产生了《老子八十一化图》。明清
时期，伴随着道教影响的减弱，太上老君的地位也有所下降。太上
老君虽仍然作为开天辟地的创始者出现，但在他之上还有更尊贵的
神灵。不管太上老君地位怎样变化，他已经成为中国文化的重要组
成部分，直至今天，仍然是被民众所信仰的一位很重要的神灵。

（三）帝俊之妻到月宫仙子：嫦娥

挂在天空的明月，美丽、皎洁，让人对她充满遐想。面对明
月，古人吟诵出一首首美丽的诗章。李白《月下独酌》的"举杯
邀明月，对影成三人"，王维《山居秋暝》的"明月松间照，清
泉石上流"，张九龄《望月怀远》的"海上生明月，天涯共此
时"，张若虚《春江花月夜》的"春江潮水连海平，海上明月共
潮生"……一首首诗，描绘了静谧、清幽的月夜之景，寄托了人
们美好的情感。对可望而不可即的月宫，人们也充满了好奇，想
探究她美丽外表下的真实面貌，由此而衍生出许多跟月宫及月宫

仙子嫦娥相关的绮丽故事。

提到嫦娥，我们首先想到的是她不光彩、不厚道的一面。她作为后羿的妻子，偷吃丈夫辛苦得来的不死之药，一个人到月宫成仙。其实，嫦娥最初的原型是常羲，她是帝俊的妻子。《山海经·大荒西经》记载了常羲浴月的故事：帝俊的妻子叫常羲，她生下十二个月亮后，经常给他们洗澡。这也是婴儿生下来要洗浴风俗的由来。袁珂先生给这条注释

常羲浴月

说："《世本·帝系》篇云：'帝喾下妃鲰訾氏之女，曰常仪，是生帝挚。'羲、仪声近，常羲即常仪也，帝俊亦即帝馨也。《吕氏春秋·勿躬篇》云：'尚仪作占月。'毕沅注云：'尚仪即常仪，古读仪为何，后世遂有嫦娥之鄙言。''鄙言'与否姑无论矣，然其说则诚不可磨也。是'生月十二'之月神常羲神话，乃又逐渐演变而为奔月之嫦娥神话。常羲本为天帝帝俊之妻，义一变而为其属神羿之妻。神话传说之演变无定，多如是也。"毕沅认为，因为古今读音的差异，常羲变成了嫦娥。又由于嫦娥有生下十二个月亮的传说，由此而产生嫦娥为后羿的妻子，偷食仙药奔月的

故事。

后羿射日

后羿大家也不陌生，他和嫦娥同是天上的神仙。由于人间妖魔鬼怪兴风作浪，后羿被天帝委以重任，到凡间降妖除魔，先后完成了射九日、除怪的英雄业绩。但令人不解的是天帝并不高兴，反倒削去他的神籍，不准他重返仙界。为什么呢？不少研究者纷纷进行推测。袁珂先生认为，天上的十个太阳是帝俊的儿子，后羿出手太狠了，竟然一点儿也不顾及帝俊的情面，射杀了九个，帝俊十分痛心。后羿和嫦娥被勒令长留人间，完全是帝俊的自私心理作祟。后羿被革除神籍后，开始想方设法洗刷耻辱，回到天庭。听说西王母有不死之药，吃了这种药物后，就能成仙。后羿于是踏上了寻找不死之药的艰苦远征，并得到了不死之药。可惜的是，不死之药被自己的妻子嫦娥一个人偷偷地吃掉了。关于这件事，晋代干宝《搜神记》卷十四有记载：后羿历经千辛万苦到昆仑山找到西王母，请西王母赐予了长生不老药。嫦娥动了坏心思，想一个人偷吃。她偷吃仙药前，专门请了一位叫有黄的巫师进行占卜，占卜的结果是"吉"。巫师还告诉嫦娥，飞升的过程中，即使遇到阴暗的天气也不用害怕惊慌，以后会昌盛的。嫦娥听了巫师的话后，服下了不死之药。没想到，她飞到月宫，变成了一只样子丑陋的蟾蜍。

嫦娥偷吃仙药化成蟾蜍，付出了惨重的代价：美丽的外形变得丑陋无比，跟夫君后羿天人相隔、独守月宫。善良的人们对她的遭遇深表同情，努力改变她的形象。关于嫦娥奔月的故事不断演化，嫦娥的形象也随之发生变化。古人认为："日者，阳精之

吴刚月宫伐树

宗，积而成鸟，像鸟而有三趾，阳之类，其数奇。月者，阴精之宗，积而成兽，像兔蛤焉，阴之类，其数偶。"太阳代表阳，聚集在一起就变成鸟；月亮属于阴，聚集在一起变成兔子和蛤蟆。这是月中玉兔的由来。到了西汉，演绎出玉兔捣药及吴刚砍桂树的情节。西汉《淮南子·览冥训》记载：后羿从西王母那里得到了不死的仙药，嫦娥偷吃后飞到了月宫，变成了一只蟾蜍。月宫中有月桂树、捣药的玉兔（玉兔捣药是中华民族神话传统之一，见于汉乐府《董逃行》。传说月亮中有一只被称为"玉兔"的兔子，拿玉杵捣药，服用此药可以长生成仙），还有被贬到这里砍

树的吴刚（受天帝惩罚到月宫砍伐桂树），寂寞、寒冷的月宫，
因吴刚的加入而霎时变得热闹起来。捣药的玉兔、飘香的桂树，
都给月宫增添了不少生气和温情。嫦娥虽仍然是蟾蜍的外形，但
吴刚、玉兔、桂树的出现，好过她一个人孤零零地守着月宫。到
了唐代，嫦娥化为蟾蜍的说法悄悄隐去。李冗小说集《独异志·
嫦娥奔月》说：后羿精心炼制仙药，仙药炼成后，被他的妻子嫦
娥偷吃了。嫦娥吃完仙药，飞到月宫，变成了风姿绰约的仙子。
在这个故事中，仙药是后羿炼制成的，不是来自西王母。吃完仙
药，嫦娥变成了美丽的神仙，而不是蟾蜍。嫦娥奔月故事不是为
了谴责嫦娥的自私，而是为了宣扬方士的炼丹术，以及服药可以
长生的观念。

　　嫦娥的故事在演变的过程中，其性情、形象日益人性化。她
不再长年累月地独居月宫，甚至可以下凡来到人间，与心上人后
羿相会。元末陶宗仪《说郛·三余帖》说：嫦娥飞升到月宫，后
羿并不恨她，只是日夜思念。嫦娥看到后羿想念自己，就下凡来
到人间，与他相见。还约定月圆之夜，后羿用米粉做成像月亮一
样圆的丸子，放在西北方向，连续三个晚上呼叫她的名字，她就
降落凡间。偷食仙药的事并没有让两人产生芥蒂，夫妻感情反而
甜蜜如初。这则故事体现了人们善良的愿望，以后民间流传的关
于嫦娥的故事，都突出了她对丈夫的忠贞。

　　明代神魔小说《西游记》突出了嫦娥仙子的美貌。第十九回
嫦娥仙子"容貌挟人魂"，天蓬元帅因冒犯嫦娥，被贬入凡间历

劫。第三十一回"猪八戒义激猴王　孙行者智降妖怪"中形容妖精的美貌，就以嫦娥仙子作比："团团粉面若银盆，朱唇一似樱桃滑。端端正正美人姿，月里嫦娥还喜恰。"第七十二回"盘丝洞七情迷本　濯垢泉八戒忘形"中的妖精，也说她貌美如嫦娥："钗头翘翡翠，金莲闪绛蜂裙。却似嫦娥格下界，仙子落凡尘。"嫦娥在《西游记》中虽着墨不多，但给读者留下了容貌非凡的仙子形象。

　　明清之际《开辟演义》《有夏志传》《七十二朝四书人物演义》《历代神仙通鉴》等几部小说中，均有关于嫦娥奔月神话的文字。《开辟演义》给嫦娥偷食仙药成仙翻案，第四十回"平羿夫妻入月宫"：后羿射杀了九个太阳，除掉猰貐、封豨、修蛇等怪兽，帝尧龙颜大悦，给予他丰厚的赏赐，加封为总平侯，摆宴席庆贺。宴席结束回到家中，后羿看到妻子嫦娥捧着一颗亮光闪闪的药丸，就询问药丸的来历。嫦娥告诉她，药丸是代西王母保管的不死之药。后羿听后，动了私心，百般

后羿嫦娥飞升

劝说嫦娥服下，嫦娥吃后，身体变得轻飘飘的，飞到了月宫。后羿趁机抓紧嫦娥的衣服，跟着她到了月宫。不过到月宫后，后羿变成了一只蟾蜍。以前的故事，蟾蜍都是嫦娥的化身，偷药是嫦娥的过失。在《开辟演义》中，后羿变成了蟾蜍，偷吃不死药的责任也在后羿。《有夏志传》卷一"五子兴歌怨太康，嫦娥窃药奔月宫"中的"羿"，不同于上古神话中的射日英雄，他是夏朝太康时后穷国的国君。由于善射箭，出生在神射手"羿"之后，因此取名为"后羿"。后羿武艺高强，很受太康王的宠幸。但是，后羿却看不惯太康王的恶行，逃避到杳无人烟的地方，没想到与神仙不期而遇，获得不死之药。拿到不死之药后，后羿回到夏朝的国都。为了再一次避免宫廷的斗争，他闭门不出，在自己的部落修行。不巧的是，卑鄙的太康王知道他新娶的妻子嫦娥容颜绝世，就想用土地跟后羿交换。为了和平，后羿答应了。嫦娥秉性坚贞、刚烈，看到后羿不顾及夫妻的情分，就偷吃了他采回来的不死之药。吃完不死之药，嫦娥觉得自己变得轻盈了，身体不由自主地向南飞行，一直飞到了苍梧山。祭拜帝舜的妃子后，嫦娥遇到了一位人身豹尾的老妇人。她还没开口说话，老妇人就主动说："是我让后羿去采不死之药的。采不死之药的目的，是为了让你得道成仙。"嫦娥问："老妈妈，您叫什么名字？"老妇人告诉她："我是西王母。"说完老妇人就离开了。嫦娥继续飞行，飞到了日月山。她看见日月山有两块大岩石，一块很暖和，另一块很凉爽。嫦娥喜欢清凉、清幽的地方，就利用冰冰凉凉的岩石建造了月宫，成为月宫神。月宫旁边有一棵大树、一只玉兔。《有夏志传》中的嫦娥是一位忠贞于爱情、敢于反抗的美好女性。她的成仙，是掌管不死之药的西王母的安排。她来到人间经历劫难后，成为月宫女仙。

清初吕熊的《女仙外史》，对嫦娥的形象进行了大胆的改写。她受玉帝钦点，托生于孝廉唐夔家，转世为被称为"妖女"的白莲教领袖——唐赛儿。因与转世为燕王朱棣的天狼星有仇怨，唐赛儿与朱棣在凡间也是水火不相容。唐赛儿胸怀宽广、智勇双全、本领高强，在她麾下，云集了大量对朱棣残暴统治不满的百姓。后来，这些百姓在她的领导下，发动了反对朱棣的农民起义。起义失败后，唐赛儿的人、尸体都找不到了，原来她已经得道升仙而去了。在《女仙外史》中，嫦娥不再是一个柔弱的美丽女神，而是肩负天帝使命反抗暴政的英雄。

清代蒲松龄《聊斋志异·嫦娥》虚构了一个嫦娥被贬谪下凡、在人间嫁人生子的婚恋故事。嫦娥美丽、温柔、善良，善于持家，重情重义，集中了女性所有的美好品德。宗子美与她相见后，一见倾心，是她的智谋让宗子美获得了这段佳缘；宗子美父母双亡，家境每况愈下，是她的精干让日子过得越来越富裕；宗子美遭遇地痞无赖的讹诈，是她的计策保全了一家的安危。嫦娥是这个家庭的主心骨，全家上上下下的生活起居、日常开销，都由她打理。为了与心爱的人共同生活，她担负起仙女与妻子的双重责任。就是这样一位精明强干的仙子，也有普通女子的喜怒哀乐，她经常变幻成历史上的美人，与丈夫嬉笑、取乐，表现出活泼、戏谑的一面。甚至有时候，她也会吃醋。《聊斋志异》中的嫦娥，身上的仙气褪去了不少，具有了人的情义。

天魔心转生武则天

清代李汝珍《镜花缘》中的嫦娥，成为反派人物。瑶池会上，嫦娥阿谀逢迎，要百花仙子令百花全部盛开，为西王母祝寿。嫦娥身为天界女仙，明明知道违背时节让鲜花盛开会触犯天规受到处罚，还说出这种荒唐的话，令百花仙子十分气愤。盛怒之下，百花仙子指责嫦娥花言巧语，还挖苦她当年偷窃仙药的恶行。嫦娥表面上不动声色，心中却积下怨气。在天魔心"月狐"思念凡间生活，被谴到人间的时候，嫦娥挑唆天魔心下凡转世为女皇武则天时，令百花齐放，报复百花仙子，果然百花仙子被贬谪到人间。相比此前的小说，嫦娥只是变成样子丑陋的蟾蜍，《镜花缘》中的嫦娥，身为月宫高贵的仙女，却与世间小人没有任何区别，心胸狭窄，报复心极强，更令人憎恶。

先秦两汉"嫦娥奔月"的故事，情节非常简单。嫦娥的形象、性情，奔月的具体情形，都是语焉不详的。正是故事的简略，给后人留下了尽情发挥的空间。在后世的小说作品中，这一故事不断演变，嫦娥的形象不断丰富。她先是月宫中的蟾蜍，后蜕变成美丽善良、能歌善舞的月宫主人；寒冷的月宫逐渐热闹，广寒宫本只有嫦娥一个人，后来出现了吴刚、桂树、玉兔与她做伴。偷药的前后始末更加具体，后羿的仙药来自西王母，是西王母的刻意安排，她才有缘吃下能让她成为月宫仙子的仙药。她的情感经历很曲折，与后羿有一段难解难分的姻缘。在明清时期的小说中，嫦娥的形象与最初的形象更是越来越远。嫦娥来到凡间，是为了历劫。她或成为被赋予天命、帮助百姓反抗暴政的女英雄；或与凡人结为夫妻，成为温婉善良、有情有义的贤妻良母；或仙气全无，成为心胸狭窄、报复心极强的小人。经过长时间的演变，嫦娥的形象逐渐浸染世俗人情，不再是那个高高在上、冰冷傲人、凛然不容侵犯的仙子，而是聚集了普通人的各种特点，有着世俗人性。

（四）瘟神到财神：赵公明

供奉的诸位神明当中，财神的香火最为兴旺。历史上主要有四位财神：第一位是赵公明，他懂得做生意的门道，为人诚实守信，积累了巨额财富。他见义勇为、出手大方，做生意的伙伴经营失利，就鼎力相助。在国家发生战争的时候，他亲自参军打仗，骁勇善战。赵公明一边经营商业、关心国家大事，一边到终南山求仙学道，驯养了一只黑色的老虎当坐骑，称为黑虎坐骑。赵公明讲信用、扶危济困、心怀天下、学道修行，集许多美德于一身，后人将他奉为财神。第二位是商纣王的叔父比干，他正直忠心，直言进谏，敢于反抗纣王的暴虐。民间传说他铁面无私，办事公道。第三位是范蠡，他本是春秋时期越王勾践的谋臣，利用西施实施"美人计"，帮助勾践灭掉吴国，完成复国的霸业。但他意识到，伴君如伴虎，君主只能共患难，不能分享富贵，就隐姓埋名，四海经商，发了大财，又将所有的财物送给需要帮助的人。第四位是关羽，在《三国演义》中，他是蜀国大将。被曹操困住的时候，美女、功名利禄都不能让他动心。明清时期，关羽被视为"伏魔大帝""关圣帝君"。这四位神明，范蠡、比干被尊为"文财神"，赵公明、关羽被尊为"武财神"。除这四位财神外，民间供奉财帛星君，也称"增福财神"。各地还有一些地域色彩很浓的财神，如江苏扬州一带"煮盐东海，铸钱铜山"的刘濞，江西德兴"生前劫富济贫，死后仍惩恶扬善"的"五显财神"。尽管财神数量不少，名气最大的却是赵公明。

　　民间供奉的赵公明画像，一般是黑色的面孔，长长的胡须，身穿战袍，披着坚固的盔甲，坐在一头黑色的老虎身上，形象十分威猛。有时他的周围堆放着聚宝盆、大元宝、宝珠、珊瑚等珍宝，增加他身为财神的聚财效果。对于财神，《辞海》说："财神，相传姓赵名公明，秦时得道于终南山，道教尊为'正一玄坛元帅'亦称赵公元帅赵玄坛，秦时避乱，隐居终南山。其像黑面浓须，头戴铁冠，手执铁鞭，坐骑黑虎。故又称'黑虎玄坛'。传说能驱雷役电，除瘟禳灾，主持公道，求财如意。"赵公明能驱除灾祸，主持公道，替人求财求福。《中国大百科全书·宗教》上说："俗祀财神为赵公明，亦称赵公元帅、赵玄坛。相传为终南山人，秦时避乱，隐居终南山。精修得道，能驱雷役电，除瘟剪疟，去病禳灾，买卖求财，

赵公明（桃花坞年画）

使之宜利。神像头戴铁冠，一手举铁鞭，一手持翘宝，黑面浓须，身跨黑虎，全副戎装……俗以三月十五日为神诞，祀之能令人致富。民间奉祀，或于正月初去财神庙敬祀，或在家迎接财神帖子，或在店堂由人装扮的财神登门。"赵公明也叫赵元帅、赵玄坛，他是终南山人，三月十五是他的生日。修道成仙后，他为民谋求福利，如果这一天去祭拜他，能够带来财运。民间的老百姓多在正月初五的时候去寺庙祭拜或在家迎接他。

在晋代以前，赵公明和财神一点儿也不沾边，他只不过是天帝手下的一员大将，专门管理冥间的事情，勾取人命。东晋干宝《搜神记》卷五记载：散骑侍郎王佑病入膏肓，医生已经没有办

五瘟神使

法用药物将他治好了。想到不能对母亲尽孝，他心痛至极，悲伤地跟母亲诀别。碰巧上帝命令赵公明、钟会等三位将军，每人率领几万个鬼兵到人间捉人。鬼兵见王佑家看起来像大户人家，就跑过来跟他结交，邀请他担任赵公明的部下，管理冥间的一些事情。王佑想到母亲年纪已经很大了，自己又没有兄弟，担心死后母亲没有人照顾，就哀求鬼兵帮他治病。鬼兵看他十分可怜，就答应帮忙，用法术驱灾避祸。没过几天，王佑的病就好了。不过，鬼说要抓走的人都死了。故事中，赵公明是厉鬼、瘟神，负责到人间抓人，取人性命。大约在两晋时期出现的道教典籍《太上洞渊神咒经》卷十一，也说赵公明是到人间散布瘟疫的神明："又有刘元达、张元伯、赵公睨、李公仲、史文业、钟士季、少都符，各将五伤鬼精二十五万人，行瘟疫病。"南朝梁陶弘景《真诰》卷十《协昌期》中也提到了赵公明，他的形象和功能开始发生变化，既是夺人命的厉神，也惩恶扬善，令人子孙繁衍昌盛。其文曰："天帝告土下冢中王气五方诸神赵公明等，某国公侯，甲乙年如干岁，生值清真之气，死归神宫，翳身冥乡，潜宁冲虚，辟斥诸禁忌，不得妄为害气，当令子孙昌炽，文咏九功，武备七德，世世贵王，与天地无穷，一如土下九天律令。"注释说："赵公明，今千二百官仪，乃以为温鬼之名。""温"即"瘟"。

到了元代，瘟鬼赵公明脱胎换骨，变为赵元帅，有了新的身份和神职。秦子晋《新编连相搜神广记》后集"赵元帅"条说：赵公明奉天帝命令，管理天、人、冥间三界，有八位猛将、六位毒神使听他差遣。他神通广大，能够驱使雷电，呼风唤雨，消除疾病灾难，还能为百姓平冤昭雪。对于做生意的人来说，能使买卖双方都满意，几乎是无所不能。这则材料与晋代以前关于赵公明的记载相比，赵公明的瘟神形象全不见踪影，变成了一个造福于民众的善神。尤其是"公平买卖求财，公能使之宜利和合"这一句，表明赵公明有了"司财"的职责，这应该是他后来被民间奉为财神的开端。

赵公明成为财神的初期，知名度并不高，还没有被民众普遍认可和接受。宣传赵公明完全由瘟神变为善神，并作为财神深入民心，明代的神魔小说起了推波助澜的作用。其中，许仲琳《封神演义》的功劳最大。赵公明的故事，集中在《封神演义》第四十七、四十八、九十九回。经过《封神演义》的大肆描绘和渲染，赵公明才成为一位家喻户晓的人物。在第九十九回"姜子牙归国封神"，姜子牙灭商之后，向元始天尊请得符敕，在封神台上大封诸神。赵公明脱去了瘟神的帽子，被封为"金龙如意正一龙虎玄坛真君"，职责是率领"招宝""纳珍""招财""利市"

（招宝天尊萧升，纳珍天尊曹宝，招财使者陈九公，利市仙官姚迩益）四位神灵，统管人间的所有财富。从这个时候开始，"迎祥纳福，追逃捕亡"的赵公明，就成了名副其实的财神和善神。

余象斗《北方真武玄天上帝出身志传》（又名《北游记》）第十一回"祖师下凡收黑气"讲述的故事跟赵公明相关。在第十一回中，赵公明等本来是天上的神仙，没有经过玉帝的批准，就擅自下凡来到人间，甘愿当黑煞神的手下，兴风作浪，危害老百姓。他们一伙人住在徐州府风清洞，专门抓附近来往的行人吃。祖师奉上清的命令擒拿赵公明等人。赵公明等被擒获后，受祖师的感化，开始向善。祖师被刀精杀死，赵公明等想尽各种办法救活了祖师。《北游记》的很多故事，都来自民间传说。瘟神是老百姓最害怕的神灵之一，余象斗为了迎合老百姓的这种心理，对本来是瘟神的赵公明加以改编，让他变成保佑老百姓的善神，从而被广大民众接受。《北游记》讲述的赵公明的故事，对赵公明由瘟神转为善神起了很大的推动作用。

赵公明由凶神发展为财神、善神，并不是偶然的，它反映了中华民族"重农轻商"的传统文化心理。中国自古以来是农业社会，农业是根本，商业是无足轻重的。从事各行各业的人，他们在社会上的地位排序为"士农工商"，商人的地位是最低的。因此，造神的时候，也喜欢挑选名声不好的神去充当财神。到了明清时期，资本主义萌芽，商业开始发展，商人在整个社会当中的地位得到极大提高，越来越多的读书人也加入经商的行列。《泉州府志》卷五十九曾记载："黄继宗晋江人，幼慧，习举业。即长，父没家贫，稍治生。"黄继宗虽然是读书的好苗子，但还是选择了经商，改变家里窘迫的经济状况。余象斗、冯梦龙、凌濛初等名人，也刊刻书籍售卖获利。钱不再是人们不愿意提及的"阿堵物"，而是成了生活的一种自然追求。随着商品经济的发展，财神爷大受追捧。赵公明由人人避之不及的"瘟神"，开始被万民拥戴、顶礼膜拜。今天的很多庙宇里，赵公明都被当作掌管天下的财神来供奉。

（五）老人星到主寿神：南极仙翁

尊重老人、敬爱老人是中华民族的传统美德。有老人的家庭，长辈的生日往往是最隆重的节日。亲朋好友都来庆贺，祝福的话语不外乎是"福如东海""寿比南山"。恭祝老人长寿，是人对生命的尊重，也是对老人的敬爱。执掌人生死寿夭的神仙被称为寿星，也叫南极仙翁。寿星面色红润、面目慈祥，他的样子看起来有点滑稽可笑，头跟身子几乎一样长，额头高高隆起，一手拿着系着一个大葫芦的拐杖，一手捧着灵芝或蟠桃，梅花鹿、仙鹤、灵龟等寓意吉祥和长寿的动物伴随着他。这个笑容可掬、和蔼可亲的寿星是幸福安康的象征，是中国老百姓最喜闻乐见的形象之一。关于寿星古怪的脑门有两种传说，一种传说是：寿星在昆仑山元始天尊门下学道，学成后，元始天尊用聚宝匣击打寿星

的头。突然，一道亮光钻
进了寿星的脑门，寿星脑
门慢慢变大，前额隆起，
像一座小山丘。寿星离开
昆仑山后，先后收了金鹿
和白鹤为徒弟，牵着鹿骑
着白鹤四处游历，为善良
有德的人传授长寿的方法。

寿星（明代陈洪绶画）

另一种说法是：寿星出生前，在妈妈肚子里待了九年。寿星的母
亲饱受怀胎之苦，不由得自言自语："孩子啊，你什么时候才能
出生！"话音刚落，肚子里的寿星说话了："娘呀，我们家门前的
两个石狮子眼睛什么时候出血，我就什么时候出生。"隔壁的屠
夫听到了母子二人的谈话，他心生怜悯，觉得寿星的母亲九年怀
胎实在太辛苦了。有一天，他悄悄地将猪血抹在石狮子的眼睛
上。寿星母亲看见了，高兴地对寿星说："你快出来吧，石狮子
的眼睛出血了。"寿星听了母亲的话，就从母亲的腋下钻了出来。
寿星本来要在母亲肚子里待十年才能长好，这样就早了一年，他
的脑袋还没有长结实，出生的时候脑袋就被拉长了。这是我们今
天所见到的寿星的形象。

其实，寿星在最早的时候，只是天上的一颗星辰。在神话传
说中，天上的星辰"寿星"执掌人们的生死寿夭。古代所说的
"寿星"，有两种说法：一种是指天上星辰二十八宿中的角、亢二

星。如《尔雅·释天》说："寿星，角、亢也。"在所有的星辰中，因为它排在最前面，所以有主长寿的说法。如郭璞为《尔雅·释天》作注说："（寿星）数起角亢，列宿之长，故曰寿。"另外一种是指位于南部天际（南纬五十度以南）的老人星，称为"南极老人星"。那时候，人们认为天上的星象会影响人间的兴衰。仲秋时节，人们正在举行养老的仪式和活动，寿星（老人星）恰巧在天上的正南方向出现，古人便将这颗星命名为寿星（老人星），用以标示仲秋养老的习俗。而古代仲秋养老习俗最重要的内容之一就是祭祀寿星（老人星），因为古人将对长寿的祈愿寄托在这颗星辰之上，祭祀寿星（老人星）以祈求长寿。

先秦时仲秋养老的习俗，在秦汉以后逐渐融入重阳节。老人星失去仲秋养老习俗的文化语境后，最初的作用与意义不复存在。汉代兴盛的占星学，赋予了老人星特殊的含义，即老人星的出现预示着君王健康长寿、天下太平。西汉史学家司马迁《史记》及东汉史学家班固《汉书》都有记载。《史记》卷二十七"天官书第五"记载："狼比地有大星，曰南极老人。老人见，治安；不见，兵起。常以秋分时候之南郊。"张守节对这句话进行解释时说："老人一星，在弧南，一曰南极，为人主占寿命延长之应。常以秋分之曙见于景，春分之夕见于丁。见，国长命，故谓之寿昌，天下安宁；不见，人主忧也。"老人星在正南方，要想知道国君的寿命，术士就得向老人星占卜、祈福。如果老人星出现，则预兆着天下太平，国君福寿安康；如果不出现，就有不好的事情发生，国君日夜忧心。祭祀老人星相应成为朝廷的重要仪式，一直延续到明代初国家正式废除寿星祠为止。从唐代至明代，祭祀老人星这个习俗经历了从国家祭祀逐渐转向民间崇拜的过程，转变的重要事件是唐玄宗将老人星祭祀改在千秋节（这一天是唐玄宗的生日），将祭祀老人星与祝寿联系了起来。在生日的这天，赠送寿星图、挂寿星图祭拜的习俗促进了天上老人星的人格化，民间也开始流传有关寿星下凡为人的故事，寿星老人由天上的星辰具体化为神仙，到明代基本定型。明初国家虽然废除了寿星祠，但民间对寿星的崇拜日益盛行，寿星祭祀由官方转向民间，祭祀的对象从天上的寿星变为民俗信仰中的寿星老人。从此以后，寿星老人的形象经常在文学、艺术作品中出现，成为民众喜闻乐见的形象。

《古今图书集成·神异典》有一则南极仙翁的故事：北宋仁宗嘉祐八年（1063），寿星变身成道士的模样出现在京城。他的样子有点特别，矮小的身材，手中挂着一根拐杖，高高耸起的脑袋差不多跟身子一样长，没有人知道他来自哪里，更没有人知道他的名字。怪异的外形引得街上的人观看，大家都投来异样的眼光，对他指指点点，有些人甚至掩着嘴笑。他一点儿都不在意旁人的眼光，在人群中悠然自若地转来转去。从年龄上判断，他应该是一位年纪很大的老人家，可不管走多久，他一点儿都不喘气，也不见他休息，身子骨非常硬朗。这时，人们都觉得他应该不是普通人。他最喜欢喝酒，只要经过卖酒的馆子就走进去，大口大口地喝，喝得再多脸也不变色，和平时一样。刚开始的时候，人们只认为他相貌奇特，身体健朗，并不怎么在意。时间长了，这位老人家经常出现，便成了人们议论的中心。好事之徒毫无顾忌地靠近他，想摸摸他高耸的头，有些人甚至将他的外形进一步丑化、夸张化，但他一点儿都不生气，仍然淡定自若。关于他的传闻越来越多、越传越广、越来越神奇，连皇帝身边的侍卫都知道了。侍卫把街头巷尾的谈论告诉了皇帝，仁宗皇帝也很感兴趣，传旨带老人进宫。老人进宫见到皇帝毫不惧怕，仁宗皇帝大称奇异。他命令侍卫抬出一缸酒给他喝，并说能喝多少就喝多少。老人高兴得手舞足蹈，迫不及待地直接从酒缸喝了起来。仁宗皇帝及在场的大臣、侍卫被他的豪爽惊得目瞪口呆，转眼之间就喝了七斗，他心满意足地退了下来，片刻间不见踪影。第二天，观察天象的官员惊慌地上奏皇帝说："天上的老人星昨天来到了皇宫，但到了皇宫后就不知去向。"仁宗皇帝才想到：昨天到皇宫喝酒的那位老人原来就是老人星的化身，难怪那样能喝酒。心中也有许多遗憾，难得与神仙相见，竟不知道他是神仙。

寿星不但会变化成人，遨游人间，也会变化成雕像，给有福气的人家带来祥瑞。宋代洪迈《夷坚志》丙志卷十四"锡盆冰花"中，洪迈舅舅生日那天，寿星、仙鹤、龟、松树等吉祥物以冰雕的样子出现：舅舅的仆人洗刷大锡盆，正准备倒掉清洗的脏水，盆里面没有完全倒尽的污水忽然凝结成冰。冰块晶莹剔透，惹人喜爱。冰的形状栩栩如生，即使再高明的画家也不能描摹出来。一位寿星神态安详地坐在大石头上，石头上有一棵郁郁葱葱的松树覆盖，一只乌龟、一只仙鹤分别站立在寿星的左右两边。舅妈赶紧请画家来家里，想把眼前的图画出来。可画画的人还没有到，冰雕就融化了。不久，舅舅升迁为兵部侍郎。

寿星不仅给人带来福寿，也可以带来福禄、好运。寿星的吉祥物鹿、龟、鹤有时也凡心大动，来到人间，经历人事后，被寿星度化返回天庭。明冯梦龙《警世通言》第三十九卷"福禄寿三星度世"就讲述了这样一个故事：一个叫刘本道的读书人寒窗苦读二十年，时运不济，一直没有考中科举，命中注定与仕途没有缘分，但有成为神仙的资质。宋代景德四年中秋时节，刘本道到江边捕鱼。捕鱼一般有四种方法，即仰头扳罾（zēng，用木棍或竹竿做支架的方形渔网）、喧闹地敲打船帮、安静地垂钓、像跳舞一样撒网。刘本道大多在浔阳江撒网捕鱼。这天水光明亮、月色皎洁，刘本道连续撒了三次网，都没有捕上来一条鱼。忽然，听到有人大叫他的名字："刘本道，刘本道，大丈夫应该积极进取，为什么你要放弃自己的志向来捕鱼呢？"刘本道大吃一惊，知道他的姓氏，还知道他的名字，肯定是熟人。连忙放下渔网，想跟那人相认，但到处都见不到人影。只好又开始捕鱼，网刚放下，又有人叫他的姓名，仍然只听见声音，找不到说话的人，连续三四次都是这样。没办法，不能专心捕鱼了，只好将小船划到岸边回家。又到了月圆之夜，刘本道趁着月色出来捕鱼。船划到江中间时，又有人连名带姓叫"刘本道"。刘本道心里十分焦躁，放下网仔细听，感觉是后面有人在叫他。他循着声音将船划到后面，声音是从芦苇丛中发出来的。船进入芦苇丛，还是不见人影。再回到江中撒网，打上来一条五尺长的金色鲤鱼，尾巴红彤彤的，刘本道又惊又喜，打算第二天进城将鱼卖掉，换钱来买粮食。他将船划到岸边，鲤鱼系在船板底下养。准备睡觉时，他觉得又渴又饿，但船上没有什么可以用来吃的东西，怎么办呢？思来想去，还是决定去岸上酒店张大公家买些酒喝。他从船中拿出一个盛酒的葫芦，上岸来到张大公家。到处黑灯瞎火，只有张大公家亮着灯。到门前，他大声叫道："我来向公公买些酒喝。如果您睡了就算了，没睡的话还麻烦卖我一些。"张大公说："我还没有睡。"张大公把门打开，拿过刘本道的葫芦，把酒卖给了他。刘本道难为情地说："现在我没有钱，明天等鱼卖了，我再把钱还你。"张大公毫不在意地说："不要紧。"刘本道边走边喝酒，到船边时，见一个人穿着绿色袍子，光着头，身高还不到一米，对着本道放声大哭："我的子孙，都被你抓尽了。"刘本道吃了一惊："江边一个人都没有，这不会是鬼吧？"他放下酒葫芦，拿起船桨打那个穿绿色袍子的人。火星四溅，那个人不见了！刘本道知道遇上了鬼怪，叫苦不迭，想到船上去躲避，但是船却不见了踪影。是谁将我的船偷走了？放眼望去，到处都寂静无声。远处，也看不见一只船。今晚到哪里去休息？刘本道着急起来，乱走乱窜，不知不觉来到了一座庄院前，只见庄院里灯火通明，不由得大声喊道："有人吗？我不小心将船丢了，想在贵庄借住一宿。"只听得庄内有人应道:"请稍等,马上就来。"却是女人的声音,那女子打开门邀请刘本道进去了。刘本道见到只有一个女人,不方便打扰,连忙推辞。女子说:"不用介意。"话还没说完,外面就有人喊道:"我没害你,你倒打我,还来我家借宿。"刘本道问女子:"外面叫唤的人是谁?"女子说:"是我哥哥。"刘本道跟随女子来到草堂,看到那草堂上的人,竟是被他打跑的绿袍人。刘本道顾不上向那女子道别,拔腿就跑,从三更一直跑到五更,没有休息片刻,腿都酸疼了。准备休息时,有人在后面大声喊:"你不要走,我在后面追你呢。"刘本道以为是绿袍人,顿时魂飞魄散。转过头一看,原来是那位女子。他问:"你赶过来有什么事?"女子说:"想做你的妻子。"刘本道看她手里拿着包袱,包袱里装满了金银珠宝,心里想:"这女子长得这么漂亮,又有这么多钱。跟她结婚,以后的日子就不用愁了。"当下就答应了婚事。女子说:"我们到哪里去安身?"刘本道安慰说:"不用担心,我自有打算。"他和女子一起来到城里,住进了顾一郎店。后来,女子又拿出一些钱,和顾一郎店的老板一起找到了一家店铺,做起了买卖,店名为白衣女士。奇怪的是,好多天都没有人上门来买东西。女子看着丈夫说:"估计撞上了神灵。你去看看有什么事情,再告诉我。"刘本道来到街上,到处察看,没有任何事情发生,只看到一群人围着一位卖药的老先生。刘本道也跟着围了上去。老先生指着刘本道说:"你眉间有黑气,应该是被妖怪缠上了,一定要对我说实话。"刘本道就将遇到绿袍人、白衣女子、住宿店老板的事情一五一十地说了出来。老先生说："那个女子是妖怪。我给你一道符，等她睡着了，就将符贴在她的身上，就能看到她的真面目。"刘本道来到家中，很早就睡着了。他拿了老先生的符的事，女子早就知道了。她痛哭流涕，咒骂刘本道不念夫妻情分，竟然相信外人的挑唆。刘本道万般无奈，将符拿出来给了女子。女子拿到符后，走出家门，来到大街上，跟老先生斗法。女子的好朋友，穿黄衣的女子前来帮忙，两人一起合力打老先生，老先生不费吹灰之力就将两人擒住。绿袍人也来了，趁乱抓住刘本道，要取他的心肝下酒，也被老先生收服了。收服后，黄衣女子变成了一只黄鹿，绿袍人变成了一只绿毛灵龟，白衣女子变成了一只白鹤。老人恢复寿星本尊的模样，骑着白鹤飞升，刘本道跨上黄鹿，跟随寿星、灵龟一起飞升到了天庭。侍奉寿星的仙鹤、灵龟、黄鹿等平时以童子的样貌出现。这在明清时期的画像中经常可以见到，寿星图上往往是几个童子跟随着一位老人。

《夷坚志》中，寿星不近人情，活生生拆散姻缘，强迫他们归到天庭，身上褪去了神性的光辉，多了几许封建家长的色彩。在清代醉月山人《狐狸缘全传》第十四回"群狐大闹撕神像　老祖令召吕真人"，寿星担起了降妖除魔的职责：一个姓周的人家，狐狸整天兴风作浪，只好请来王半仙等道士降妖。家中的看门老人盛情款待这些道士后，道士们挂起三清神等诸位神仙的画像，敲锣打鼓，开始请神降妖，心里想的却是如何在这户人家饱餐几顿。狐狸们道行高深，尤其是狐狸的首领玉面狐曾经受到王半仙的侮辱，听到巡视的小妖们说臭道士在周家骗吃骗喝，怒火窜上心头，率领群妖来到周家。刚好，道士们又在吃吃喝喝。玉狐施展法术，顿时尘土飞扬，桌上的美味佳肴全都蒙上了一层泥沙，挂上的神仙画像也被狐妖们撕了个粉碎。道士们抱头鼠窜，东躲西藏，狐妖们将他们一个个揪了出来，狠狠地打。看门人看到道士们狼狈的样子，只好向上苍祈求。他的忠心感动了寿星。寿星心里想："这些狐妖太可恨了，残害道中好友，毁坏神像，作恶多端，如果任由他们胡作非为，不仅有损我们的名声，周家人的性命也难保。"当即他叫到："白鹤童儿在哪里？"白鹤走到寿星的前面："我在这里伺候呢。"寿星吩咐到："你赶紧去庐山，请吕洞宾到我这里来。"童子化作白鹤的本形，一飞冲天，很快就来到了庐山。还没有开口，吕洞宾就已经知道他来的用意。他跟着童子一起来拜见寿星。寿星说："人间青石山的脚下有很多狐妖为害。我们的同道王半仙不能将他们降服。现在你赶紧下到凡间，到周家捉拿狐妖，警醒世人，不要让道教失去了威信。"吕洞兵接受了寿星的法谕，驾着一朵祥云，来到了青石山捉拿妖怪。《狐狸缘全传》中，寿星多次强调要让世间人尊敬、相信道教，是因为明清时期道教的地位开始衰落，寿星的担忧正透露出道教思想地位下降的讯息。

《西游记》中，寿星多次出现。第七回"八卦炉中逃大圣　五行山下定心猿"，孙悟空被如来佛祖降服，天庭恢复了往日的平静，诸位神仙纷纷前来道贺。寿星也来了，他向玉帝进献了可以让人长寿的"紫芝瑶草""碧藕金丹"。书中指出了这两样仙家圣药的不凡："碧藕金丹奉释迦，如来万寿若恒沙。清平永乐三乘锦，康泰长生九品花。无相门中真法王，色空天上是仙家。乾坤大地皆称祖，丈六金身福寿赊。"有幸能吃到这两种仙药，就能长生，享有福寿。寿与天齐的如来佛祖、长生不老的神仙，也把它们当作宝物。第八回"我佛造经传极乐 观音奉旨上长安"中的祝寿诗，也说寿星带来福寿："寿星献彩对如来，寿域光华自此开。寿果满盘生瑞霭，寿花新采插莲台。寿诗清雅多奇妙，寿曲调音按美才。寿命延长同日月，寿如山海更悠哉。"天宫祝寿尚且推崇寿星，何况凡间俗人？

在民间的祭祀活动中，寿星常常跟福星、禄星一起出现。福禄寿三星，代表世人的不同愿望，成为最受欢迎的幸福之神。《西游记》第二十六回"孙悟空三岛求方 观世音甘泉活树"，孙悟空毁坏了镇元大仙的人参果树，师傅、师弟被抓，只好来到蓬莱岛向神仙求救，他求助的对象正是掌管世间万物生死寿夭、富贵利禄的福禄寿三星。当时，福星、禄星正在下棋，寿星在观棋。看到孙悟空，三位神仙撤了棋局，以礼接待。孙悟空将毁坏人参果树的前后经过告诉了三位神仙。寿星大惊，告诉孙悟空，他闯了大祸。这棵人参果树来历不凡，那人参果，闻闻味道，就能活到三百六十岁；吃一个，可以活四万七千年；得到这棵树的人，能够与天齐寿。孙悟空听后，只好说："种植果树的方法来自海上蓬莱，这才会来找三位神仙。"从孙悟空的话中，不难明白寿星掌握了万物的生死。不过，这次寿星也没有办法解决，最后观音菩萨出面才将人参果树救活。

民间流传的寿星画像，充满了祥和、温暖的气息：他拄着一根高过头顶的拐杖，鹤发童颜，前额凸起，慈眉善目，笑容满面，身旁一只洁白的仙鹤尾随，身后有一棵高过头顶、象征长寿的松树，手中还托着大大的仙桃。桃子也就有了祛除疾病、益寿延年、规避鬼邪的作用。寿星的画像，常常作为吉祥如意的象征，被人用作年画，烘托喜庆祥和的新年气氛。人们在给长者祝寿的时候，往往要献上桃子、寿星图，寄寓福寿安康。传说寿星传授的长寿之道是：第一，为人处世，不争强好胜；第二，淡泊名利、物欲，不心生邪念，心态要摆正；第三，再多的财富，也应该取之有道，用之有度，不能贪财；第四，不能贪吃，吃太饱有害养身；第五，要勤劳，多活动；第六，按时作息，早睡早起，不能贪睡。寿星的长寿之道，很符合现代人的健康理念。看来，要想长寿、长生，最重要的是学会养生。

三、神仙异境篇

神仙有许多品阶，不同品阶的神仙生活在不同的地方。大致来说，天仙生活在天宫，尸解仙生活在山林，只有地仙才跟凡人一起生活在人间。神仙生活的地方根据他们的地位、身份划定不同的区域，这是后来才产生的观念。就像道教早期并不把长生放在第一位一样。李大华先生在《道教思想》一书中指出："道教在早期也不是把个人长生放在追求首要地位的。真正形成一种宗教思想是从魏晋时期开始的，与尚玄社会风气相关，并且发轫于中国岭南地区，由晋大思想家与实践家葛洪所完成。"比如西王母，《山海经》中她住在昆仑山的洞穴，到《汉武帝内传》中她已经是天上仙宫的主宰。神仙生活的地方到底是什么样的？小说作品对其进行了渲染和描绘。

（一）遥不可及的神山仙岛

险峻的高山、辽阔的大海，在当时的环境条件下，古人很难征服。无法接触、不能了解的事物，对人往往能形成一种神秘

感。古人幻想，他们之所以不能涉足高山、大海，是因为那是神
仙的居所。古代帝王封禅，或者举行隆重的祭祀，都喜欢到蓬
莱、方丈、瀛洲、泰山、昆仑山等名山大川，就是如此。小说对
神山仙岛的描写，可以追溯到《山海经》。

　　《山海经》着重刻画了被称为"万山之祖"的昆仑山。对于
这座山，李白曾写下"若非群玉山头见，会向瑶台月下逢"的诗
进行褒扬。女娲炼石补天、精卫填海、西王母蟠桃盛会、白娘子
盗仙草、嫦娥奔月等古老的神话传说，也与昆仑山有关。昆仑山
悠久的历史、重要的地位，从《山海经》的记载也可以看出
端倪：

　　西海之南，流沙之滨，赤水之后，黑水之前，有大山，名曰
昆仑之丘。有神，人面虎身，有文有尾，皆白，处之。其下有弱
水之渊环之，其外有炎火之山，投物辄然。有人戴胜，虎齿，有
豹尾，穴处，名曰西王母。此山万物尽有。（《大荒西经》）

　　海内昆仑之虚，在西北，帝之下都。昆仑之虚，方八百里，
高万仞。上有木禾，长五寻，大五围。面有九井，以玉为槛。面
有九门，门有开明兽守之，百神之所在。在八隅之岩，赤水之
际，非仁羿莫能上冈之岩。（《海内西经》）

　　《大荒西经》中，昆仑山是西王母住的地方，地势险峻，周
围群山起伏，下面有弱水环绕，山的不远处还与火焰山相邻，普

通人是不能靠近的。在《海内西经》中，中华民族的始祖黄帝也把昆仑山当作自己在人间的都城：昆仑山高耸入云，深不可测。昆仑山上的树木，长得非常粗大。昆仑山有开明兽守门，除了仁义的羿，没有人可以爬上。《大荒西经》《海内西经》突出昆仑山的高、险，及生活在昆仑山上动物和植物的奇、怪。

另外一座经常与昆仑山相提并论的仙岛蓬莱。《山海经·海内北经》有简略描述："蓬莱山在海中，大人之市在海中。"蓬莱山是一座在海中的岛屿，大人国在这里进行买卖。仙幻小说中经常出现的长留山，《山海经·西次山经》中也有出现："又西二百里，曰长留之山，其神白帝少昊居之。其兽皆文尾，其鸟皆文首。是多文玉石。实惟员神磈氏之宫。是神也，主司反景。"长留山是西方之神白帝少昊居住的地方。少昊神的职责，是监察万物的影子是否正常。《山海经》提及的神山仙岛大约有五六十座，如堂庭山、夷山、天虞山、钱来山等。

狌狌（《山海经》中图片出自袁珂先生《山海经校注》）

《山海经》中不仅神山仙岛的数量比较多，山和岛屿上动植物的习性、样子也不同于人间。《南山经》有一种兽叫狌狌："有兽焉，其状如禺而白耳，伏行人走，其名曰狌狌，食之善走。"这种兽长着一对白色的耳朵，外形有点像长尾猿。它能够匍匐行走，又有点像人。如果吃了这种神兽，人就能走得很快，还不会感到疲惫。

狰

《西山经》有一种叫狰的兽："有兽焉，其状如赤豹，五尾一角，其音如击石，其名如狰。有鸟焉，其状如鹤，一足，赤文青质而白喙，名曰毕方，其鸣自叫也，见则其邑有讹火。"狰长得像红色的豹子，却有五条尾巴，头上还长了一只角。它的叫声像什么东西在敲打石头。西山还有一种形状像白鹤的毕方鸟。它只有一条腿，白色的嘴，青色的身体上点缀着红色的斑纹。它鸣叫的声音就是呼喊自己的名字。当它出现的时候，会出现怪火。

《北山经》有亲和力很强的幽鴳兽："有兽焉，其状如禺而文身，善笑，见人则卧，名曰幽鴳，其鸣自呼。"这种野兽非常和气，看到人就卧倒在地，乐不可支地笑起来。它的样子也很漂亮，全身上下有美丽的花纹，发出呼叫自己名字的叫声。

神山仙岛的植物，是稀世珍品，具有非比寻常的功效。《南山经》中说，鹊山有祝余草、迷榖树："有草焉，其状如韭而青华，其名曰祝余，食之不饥。有木焉，其状如榖而黑理，其华四照，其名曰迷榖，佩之不迷。"形状像韭菜的祝余草，花朵是青

色的,吃了它可以不饥饿;形状像构树的迷榖树,有黑色的纹
理。它发出的光芒可以照耀四方,将它佩戴在身边不会迷路。
《西山经》有萆荔草:"状如乌韭,而生于石上,赤缘木而生,食
之已心痛。"萆荔草生长在石头上,长长的藤蔓攀附树木,样子
跟韭菜有点相似,吃了这种植物,能够治好心痛的病。《东山经》
中有一种类似于杨树的树木:"有木焉,其状如杨,赤华,其实
如枣而无核,其味酸甘,食之不疟。"这种树木开出的花朵非常
鲜艳,结出的果子像红枣,但没有核,果子的味道酸酸甜甜,吃
了能够不得疟疾。

《海内西经》的凤凰、鸾鸟、不死树,《海内北经》的文马、
穷奇、大蜂,《海内东经》的雷神,《大荒东经》的五彩鸟、九尾
狐、夔等,都是人间罕见的神兽、异物。《山海经》对神山的描
述,大多是平铺直叙的介绍,没有过多的笔墨铺叙。

托名东方朔的《十洲记》将零散的神山传说,整合成排列有
序的神仙世界。《十洲记》将海内外的仙岛归纳为十个,分别是
东海的祖洲、瀛洲、长洲、生洲,南海的炎洲,北海的玄洲、元
洲,西海的流洲、凤麟洲、聚窟洲。南海的炎洲,是神仙聚集的
地方,有风生兽、火光兽:

在南海中,地方二千里,去北岸九万里。上有风生兽,似
豹,青色,大如狸。张网取之,积薪数车以烧之,薪尽而兽不
然,灰中而立,毛亦不焦。斫刺不入,打之如灰囊。以铁锤锻其

头，数十下，乃死。而张口向风，须臾复活；以石上菖蒲塞其鼻，即死。取其脑，和菊花服之，尽十斤，得寿五百年。又有火林山，山中有火光兽，大如鼠，毛长三四寸，或赤，或白。山可三百里许，晦夜即见此山林，乃是此兽光照，状如火光相似。取其兽毛，以缉为布，时人号为火浣布也。国人衣服之，若有垢污，以灰汁浣之，终无洁净。唯火烧此衣服，两盘饭间，振摆，其垢自落，洁白如雪。亦多仙家。

炎洲在南海中，地域辽阔，方圆有两千里，跟北岸相距有九万里。炎洲岛上有一种长得像豹子的怪兽叫风生兽，全身都是青色，个头跟狸猫差不多大小。这种兽很奇特，不管怎样放在火里烧，它都毫发无伤。再有力气的人，用斧子去砍它，它也安然无恙。如果用铁锤敲它的头好几十下，它就会死去。但只要它的嘴巴张开，有风进去就能复活。不过，真要杀死它，也很容易，只要找来石缝间的菖蒲塞在它的鼻子里就能将它杀死。风生兽死后，把它的脑子拿出来跟菊花一起吃下去，能多活五百年。炎洲岛的火林山有长得跟老鼠差不多大的火光兽，身上的毛长三四寸，晚上可以照明。用它的皮毛做成的衣服叫火浣布，脏了后用草木灰清洗是没有用的。用火烧大概吃两碗饭的时间，把衣服拿出来抖一抖，污渍就全部掉下来了，变得非常干净。

西海的凤麟洲，四面被弱水围绕，连鸿毛都不能浮起来，人更加没有办法越过。这座岛屿上有很多神仙、凤麟鸟，还有上百种神药。如果用凤麟鸟的嘴和角熬制成膏，能制成续弦胶。这种胶能将断了的刀、弓箭等粘起来，粘好后的部位，比以前还要坚固。

祖洲有让人起死回生的不死草："祖洲近在东海之中，地方五百里，去西岸七万里。上有不死之草，草形如菰，苗长三四尺，人已死三日者，以草覆之皆当时活也。"这种草覆盖在已经死了三天的人身上，死人马上可以复活。瀛洲有让人长生不老的玉醴泉："瀛洲在东海中，地方四千里，大抵是对会稽，去西岸七十万里。上生神芝仙草。又有玉石，高且千丈，出泉如酒，味甘，名之为玉醴泉，饮之数升辄醉，令人长生。"玉醴泉的泉水甘甜芬芳，喝下去几升才会让人醉。喝了这种泉水，能长生不老。元洲有长生水："上有五芝、玄涧，涧水如密浆，饮之长生，与天地相毕。"喝了元洲山涧的水，能够寿与天齐。

东方朔《十洲记》汇集了关于神山仙岛的传说故事，代表了人们对神仙世界的基本信仰。《十洲记》涉的神山仙岛与神仙、仙药是融为一体的，写神山仙岛的目的是为了写神仙、长生药。玄洲是真公神仙管辖的仙地，"上有太玄都，仙伯真公所治"；长洲是天真仙女游玩的地方，"有紫府宫，天真仙女游于此地"；聚窟洲是建筑仙宫的地方，"上多真仙灵宫"；沧海岛是九老仙及好几万仙人生活的地方，"岛中有紫石宫室，九老仙都所治，仙数万人居焉"；方丈洲是总管天下水神及龙蛇精怪的九源丈仙人的住所，"有九源丈人宫，主领天下水神及龙蛇巨鲸，阴精水兽之辈"。《十洲记》描绘的神山仙岛是与神仙相联系的神仙异境。

西晋张华编写《博物志》的初衷，是让人了解各国的土地、山川、河流、物产等基本情况，让人变得博学多识。这本书里面也有不少神山仙岛的记载。如昆仑山：

地南北三亿三万五千五百里。地祇之位起形高大者有昆仑山，广万里，高万一千里，神物之所生，圣人仙人之所集也。出五色云气、五色流水，其白水南流入中国，名曰河也。其山中应于天，最居中，八十城布绕之，中国东南隅，居其一分，是好城也。

大地南北的距离有三亿三万五千五百里远，地神在高大巍峨的昆仑山。昆仑山周围分布着八十个洲，它自己位于大地的中央，与天的正中间相对应。昆仑山绵延万里，高一万一千里，是神物异类、圣人仙人聚集的地方。这座山的天空飘着五色的祥云，山中流淌的水也是五种颜色。其中，向南流入中国的叫黄河。中国处于大地的东南方，是围绕在昆仑山周围的一个洲，这是一块美好的地方。《博物志》具体描写昆仑山的地理位置时，突出昆仑山与黄河、中国的内在关联。与昆仑山相关联的，还有小昆仑山："西海之滨，有小昆仑，高万仞，方八百里。"小昆仑在西海的海滨，高一万丈，方圆八百里。小昆仑广阔无边，没有人可以达到，何况是昆仑山？

泰山有"天下名山第一"的美誉，对中国人来说含义特殊。它的位置在东方，而东方被古人认为是生命的源泉。地处东方的泰山便成了"万物孕育之所"的"神灵之宅"。泰山作为掌管人生死的神山，《博物志》也有记载："泰山一目天孙，言为天帝孙也。主召人魂魄。东方万物始成，故主人生命之长短。"泰山有另外一个名字，叫"天孙"，意思是说这座山是天帝的孙子，负责召人的魂灵。东方也是万物开始生长的方位，所以泰山主管人寿命的长短。

名山大川有长生药、神仙，《博物志》有多处提及："名山大川，孔穴相通，和气所出，则生石脂、玉膏，食之不死，神龙灵龟行于穴中矣。"名山大川的孔穴是相通的。祥瑞之气从这些洞穴中冒出来，生长出吃了会让人长生不老的石脂和玉膏，神龙灵龟常在这些洞穴中出没。"神宫在高石沼中，有神人，多麒麟，其芝神草有英泉，饮之，服三百岁乃觉，不死。"高石沼有神仙住的宫殿，麒麟成群，遍地长满了灵芝神草。灵芝的花瓣掉落到泉水，喝了这样的泉水，睡三百年才会醒过来，而且可以不死。

《博物志》《十洲记》《山海经》关于神山仙岛的描写还有很多，不再一一列举。这些书记载的神山仙岛有两个特点：第一，跟人生活的地方很远，人是无法直接接触的。你看，《山海经》中的祖洲在东海的中央，方圆五百里，离岸有七万里。当时没有飞机，没有先进的船只，怎么能够到达？第二，神山仙岛有很多奇珍异兽、仙树灵草。《十洲记》中的返魂树，用其根的心煎煮成的汤，喝了可以死而复生。人最害怕的就是死亡，有了这种树，可以摆脱生死。这对医疗水平有限的古人来说，有多大的吸引力啊！在交通不便的古代，人们对绝域殊方的异物异俗很好奇，而且那里也是最适合神仙居住的地方。《博物志》《十洲记》《山海经》等小说家发挥自己的想象力，夸耀神山仙岛的珍物异宝，宣扬神仙世界的美好，构造出瑰丽神奇的神仙世界。帝王、百姓在美好愿望的驱使下，对神仙世界趋之若鹜。凡人不可以进入神山仙岛，而敢于向大自然挑战的、富有冒险精神的人类，不甘心被隔绝在外，幻想出在神仙的帮助下，凡人进入神山仙岛的故事。《聊斋志异》中的"仙人岛"就是这一类的故事：王勉是一个才华横溢的年轻人，他在科举考试中多次名列榜首。但他性格浅薄，心高气傲，经常遭受别人的凌辱，空有满腹才学无法施展。有一天，他遇到了一位道士。道士对他说："你的面相很好，可惜你的轻薄耗尽了你的福气。凭借你的智慧，不在仕途上钻营，转向修仙学道，可以成为神仙。"王勉不以为然："我这一辈子能不能富贵，目前谁也不能下结论。但是，世界上有神仙吗?"道士说："为什么你的见识这么浅陋？不用到别的地方去找，我就是神仙。"王勉嘲笑道士谎话连篇，道士："我从来不说谎。如果你跟着我一起去，马上可以见到好几十个神仙。"王勉笑得更厉害了，问："在哪里?"道士说："很近，很快就可以到。"说完，拿起一根棍子夹在两条腿的中间，将另一根给王勉，要他按照同样的方法坐上去。然后，合上双眼，说了一句："起来。"很快，棍子就像一个大气囊，飞起来了。王勉心中很害怕，闭着双眼，一动不敢动。过了一会儿，道士说："停止。"他们两人从天空中缓缓地降落，王勉这才将眼睛睁开，他发现自己进入了一个富丽堂皇的宫殿。道士换上新的衣服，很快就有许多客人骑着龙、虎、凤飞来，每个人还带着乐器。宴会开始了，宴席上美酒佳肴，仙乐飘飘，让王勉忘记了所有烦恼。演奏乐器的女子中间有一位异常貌美，她引起了王勉的注意。他目不转睛地盯着女子，想听她弹奏的乐曲，但又怕她拒绝，所以没有说一句话。酒喝到兴头上，一个老人提议，演奏相同乐器的组成一队，一起合奏。只有王勉注意的那个女子没有人跟她合奏。当音乐声停下来的时候，这位女子开始独奏。琴声悠扬，是其他人所不能演奏出来的。整个大殿上寂然无声，大家都沉浸在美妙的乐声中。结束的时候，所有人赞不绝口："云和夫人的演奏技巧真是绝妙。"演奏结束，宴席也就散了。王勉仍然对云和夫人念念不忘，心潮起伏。他的心思被道士知道了，道士施展法术，让王勉坐上石头，飞到茫茫大海。王勉十分害怕，睁开眼睛随着石头掉入海中。幸运的是掉落在靠近海边的地方，他奋力向岸边游去，忽然看到一位像天仙一样美丽的采莲女子，她大笑说："跌下来的姿势多美呀。"王勉顾不上欣赏她的美丽，赶紧求救，还说只要救了他，将永远报答大恩。女子驾着小船，带着王勉进入了一个村子。村子里出来一位相貌堂堂，年龄在四十岁上下的男子，他说："这里是仙人岛，一般人是不可能进来的，你能来也是缘分。我有两个女儿，想将其中的一个嫁给你。"王勉心想，应该是那位采莲的女子，当下就答应了。男子将她的女儿叫出来，王勉一看，比采莲女子更漂亮，名字叫芳云。采莲女子的名字，他也知道了，叫绿云。当晚，王勉就和芳云拜堂成亲了。过了好几个月，王勉开始思念家乡亲人，他把自己的想法告诉了芳云。芳云告诉他，如果离开了仙人岛，就再也不能回来了。王勉坚决要求回家，芳云最后答应了。快要离开的时候，绿云担心姐姐没有住的地方，将一座用细草制的楼阁送给了她。楼阁看上去很小，但生活用具样样俱全。王勉以为只能让小孩子当玩具，不能有什么用处。芳云告诉他，他们一家人都是地仙，因为跟王勉有缘分自己才嫁给他。随后，芳云施展法术，两人来到王勉的家乡。到了以后，芳云将妹妹送她的楼阁拿出来，小小的楼阁顿时变大，跟真实的一模一样。王勉高兴地安顿下来，开始寻访家人，打听到许多亲人都已经过世了，父亲还健在，儿子虽然长大成人，但整天吃喝嫖赌，家产已经变卖了。他感叹人世间的功名利禄，到头来只是一场空。他把父亲接到楼阁，将儿子拒之门外。父亲过世后，楼阁消失了，他跟着芳云成为神仙。

王勉前世就是神仙，与仙境有着很深的渊源。对绝大多数凡人来说，仙境是遥不可及的，即使想尽办法寻觅也不能达到。这令学道的人灰心、沮丧。后来，道教将神山仙岛转移到了人们可以接触的洞天福地，神仙不再可望而不可即。

（二）近在咫尺的洞天福地

神山仙岛只有神仙才能休憩、停留，与人世有着遥远的距离，普通人是没有机会进入的。后来，道教认为中华大地上秀丽峻拔、巍峨壮观的山脉，能兴云降雨、滋养万物，是人间最有灵气的地方。因此，道教徒设想出了存在于名山大川中的神仙世界，即洞天福地。洞天福地这一新的仙境遍布人间，凡人通过自己的努力就可以到达，或者因偶然的机缘也可以进入。洞天福地缩短了仙境与凡间的距离。

王嘉《拾遗记》已经开始将洞天福地作为神仙的居所，如洞庭山的洞穴"天清霞耀，花芳柳暗，丹楼琼宇，宫观异常。乃见众女，霓裳冰颜，艳质与世人殊别"，一派富贵、奢华的景象。对洞天福地大肆描绘的是《搜神后记》，"桃花源""仙馆玉浆""穴中人世""韶舞""剡县赤城"等篇都有较为细致的仙境描述。"仙馆玉浆"讲述了一个不小心掉进大洞穴的人的神奇经历：嵩山的北面有一个深不可测的洞穴，人们都非常好奇，每年老百姓都会到那里游玩。晋朝初年，有一个人不小心掉到洞穴里去了。跟他一起去玩的同伴都希望他没有死，便把食物扔到洞里。如果掉下去的人没有死，就会拿着食物在里面寻找出口。过了十来天，掉进洞穴的人突然看到光亮，还有一所用草建的房子，房子里有两个人下围棋，棋盘的下面有一杯白色的水。掉进洞里的人，客气地向那两个人讨水喝，下棋人答应了。喝下去后，他觉得自己的力气比以前增加了十倍。下棋的人问他愿不愿意留下，他不愿意，想回家。下棋的人告诉他，从这里往西走，有一口天然的水井，里面有许多蛟龙，但不用害怕，只要进入水井，就可以出去。如果饿了，就拿井里的东西吃。掉进洞里的人按照下棋人的吩咐做了，大约经过半年，便从四川出来。回到洛阳后，这个人将这件事情告诉了博学的张华。张华说，在洞里他遇到的是住在仙馆的两位神仙，喝的是玉液仙酒，吃的是蛟龙洞的石髓。掉进大洞穴就能遇上神仙、吃到仙药，相比那些遥远的神山仙岛，要容易许多。可惜的是，这个人不愿意留在洞中，没有成仙的缘分。"剡县赤城"中仙女居住在赤城，赤城在深山峻岭，崖壁上面有一个洞穴，打猎的袁相、根硕误闯后，与她们相遇：住在会稽县的百姓袁相、根硕到深山打猎，追赶猎物时经过很多深山峻岭。突然，他们发现了六七头山羊，便追赶起来。追到一座狭窄而又高险的石桥，羊过桥了，他们也随着过桥。桥对面是赤城山，悬崖绝壁十分陡峭。山上有水流下来，宽窄像一匹布，剡县人叫它瀑布。袁相、根硕又跟着羊走进一个洞穴，一进山洞，里边很平坦宽敞，到处都是盛开的鲜花、绿草。里面有一间房子，两个穿着青色衣服的十五六岁的美貌女子住在里边。她们跟袁相、根硕成了夫妻，不久就有人前来为他们庆贺。袁相、根硕两人想回去，偷偷地踏上了回去的路。两个女子知道后把手上装东西的袋子给了他俩，并告诉他们不要轻易打开。他俩就回家了。后来根硕外出，家里人把他的袋子打开一看，袋子像朵莲花，花瓣去掉一层又一层，到第五层完，里边有一只小青鸟，飞走了。根硕回家知道这事，后悔不迭。有一天，根硕在田地里耕作，家人送饭给他，见他在地里不动弹，到近处一看，只剩下了躯壳，像蝉蜕一样。原来他已经尸解成仙了，在赤城山遇到的两位女子是仙女。这则小说把神异与人情融为一体。仙女思春，希望有丈夫相伴；凡人思亲，想回家跟亲人生活。仙女追上刚刚成亲的丈夫，却又通情达理地满足丈夫回家的心愿；凡人回到家中，想起仙界的美好又寻找仙女，最后成仙。仙女送丈夫回家的心情，丈夫回家后面对贫困生活的落差，作品都没有用一丝笔墨，但人物的形象神情毕现，充满神奇色彩。

刘敬叔《异苑》卷一中的打猎人，追赶一头鹿，进入了神仙的洞穴："元嘉初，武溪蛮人射鹿，逐入石穴，才容人。蛮人入穴，见其旁有梯，因上梯。豁然开朗，桑果蔚然，行人

世外桃源

翱翔，亦不以怪。此蛮于路斫树为记，其后茫然，无复仿佛。"打猎人进入的洞穴，土地肥沃，物产丰饶，百姓安居乐业。为了能够再次来到这块美好的地方，他在回去的路上做好标记。可

是，即使按照标记寻找，也没有找到那个洞穴。南朝梁任昉《述异记》中的吴县人比较幸运，进入仙洞后，他们吃到仙桃、李子成仙了："武陵源在吴中，山无他木，尽生桃李，俗呼为桃李源。源上有石洞，洞中有乳水。世传秦末丧乱，吴中人于此避难，食桃李实者皆得仙。"武陵源在吴县，这里群山环抱，山上满山遍地都是桃树、李树，人们把这块地方叫作桃李源，景色秀美。桃李源有一个石洞，洞中有石钟乳。人吃了这里的桃子、李子，都能够成仙。

这两则故事跟陶渊明的《桃花源记》类似，告诉我们仙境就隐藏在我们身边，有缘人就可以进去。虽然神仙洞穴不是每个人都可以到达，但比起远方异域的神山仙岛，它们与人间的距离大大拉近了。并且这里的仙境远离战乱纷争，没有赋税徭役，人们只要辛勤劳动就能过安居乐业的生活。仙境中也没有锦衣玉食、养尊处优的神仙，他们住在洞穴中的小屋，过着普普通通的生活，带有温馨而质朴的气息。

魏晋小说对洞天福地的描写，开启了后世小说家对美好、理想社会的追求。明清时期涌现了寄托文人心意的世外桃源小说。

清纪昀的《阅微草堂笔记·鬼隐》，借鬼之口影射朝政的黑暗和仙境的美好。这是戴东原讲给纪昀听的一个故事：明代有个姓宋的人，为了选择不被人打扰的墓地，来到安徽歙县的一个深山中。黄昏时分，狂风暴雨即将袭来，宋某碰巧看见山岩下有一个洞，便钻进去避雨。突然，洞里有一个人说话。那个人告诉他，自己是鬼，不要进来。宋某的胆子很大，一点儿也不害怕。他反倒问鬼，为什么他要钻进洞里。鬼避而不答，也不跟宋某见面，因为怕鬼有损人的阳寿。聊着聊着，慢慢熟悉后，鬼告诉了宋某自己的身世。他生前是明朝的一位官员，因为厌恶朝政腐败、官吏倾轧、争权夺利，就弃官回家了。死后，他向阎罗王请求，不再轮回到人间，改任为阴间的官，没想到阴间的争夺倾轧跟世间一样，他只好弃官回到墓里。他在许多鬼魂的墓穴中间，这些鬼魂整天嘈杂，弄得他很厌烦，不得已到这里避居。虽然凄风苦雨，寂寞冷落，但和宦海风波、人世道路上的陷阱相比，他觉得像生活在天堂。他庆幸自己总算解脱了种种因果的缠绕，想不到又被人发现了，明天他就立即搬走，最后还告诉宋某不要做寻找桃花源的武陵渔人。

在中国文学作品中，鬼、神、仙往往是不分的，天神、地祇、人鬼都可以算是仙。鬼隐住的地方漆黑一团，没有美不胜收的景色，也没有任何人和他相依为伴，看起来不怎么样。但是这个地方避开了人世的困扰、纷争，是难得的逍遥仙境。尤其是他对腐败官场的描绘，相比之下，这个洞穴的妙处不言自明。

《聊斋志异》延续了神仙洞窟这一题材，不过作者进行了改编。他将报恩思想融入故事中，衍生出行善的人有机会进入仙境，成为神仙的故事。如《西湖主》：河北有一个书生叫陈弼教，字明允，他家里很贫穷，拿不出钱到京城去参加科举考试，只好跟着副将军贾绾当文书。有一次，陈生和贾绾把船停在洞庭湖边，正巧一条猪婆龙浮出水面，贾绾一箭射去，射中了猪婆龙的背。有条小鱼很悲伤地围着受伤的猪婆龙，摇着尾巴不走开，一起被捉住了。猪婆龙被拴在船桅上，奄奄一息，嘴巴一张一合，似乎在恳求援救。善良的陈生向贾绾求情，请求放了猪婆龙，还把随身带的金创药涂在它的箭伤上。猪婆龙被放回水中，回头望了陈生一眼，然后就消失不见了。过了一年多，陈生回到北方老家，再次经过洞庭湖时，遇上了大风大浪，船被打翻了，同船的人都掉入了水里。陈生趁乱抓住一个竹箱子，漂了一夜才靠岸。上岸后，他看见水中漂过来一个人，不知是死是活，仔细看，原来是他的仆人。陈生用尽全力将仆人拉上岸，但是发现他已经死了。他伤心悲痛，放眼望去，四周都是起伏的山丘，看不到村庄，更不用说人影了。他一个人孤单地在山林穿行，找不到出路，只好返回靠岸的地方。突然，仆人的手稍微动了一下，陈生高兴地给他急救，不一会儿，仆人吐了几口水，活了过来。有伴后，陈生踏实了很多。饥肠辘辘的主仆二人，打起精神往前走，寻找住在山里的人家。走到半山腰，忽然听到有响箭声，两个女郎骑着骏马从他们眼前飞驰而过，都用红巾包着额头，发髻上插着鸡尾巴，穿着窄袖紫色的衣服，腰中间扎着绿色的锦带。陈生和仆人跟在后面穿山越岭，来到一个丛林。丛林里有许多女子，都是同样的打扮，都在打猎。陈生不敢再向前走，向一个看起来像马夫的男子打听情况。男子告诉他："这里是首山，西湖的主人正在打猎。"陈生详细讲述了自己的来历，告诉男子，自己和仆人快饿死了。男子很善良，拿出干粮给他们吃。还嘱咐说："你们赶快远远地离开，要是冒犯了西湖主，是要被处死的！"陈生很害怕，和仆人一起下山。下山途中，茂密的树林里，隐隐约约地露出殿阁，陈生以为是庙宇，走近一看，原来是皇家内院，是西湖主女儿住的地方。陈生偷看了很久，被公主迷住了。公主不小心掉落的红头巾，他捡了起来，还在上面题了一首诗："雅戏何人拟半仙？分明琼女散金莲。广寒队里应相妒，莫信凌波上九天。"写完后，他一边吟诵一边走出庄园。风景太赏心悦目了，他又返回来把所有的亭台楼阁都游历了一遍。突然一个女子悄悄地进来，看到陈生吃惊地问："你怎么来到这里的？"遇到人的陈生，就像抓住了一根救命稻草，作了一揖，说："我迷路了，请帮帮我！"女子问："你拾到一条红色的头巾了吗？"陈生说："拾到了一条，但被我弄脏了，怎么办？"便拿出那条红巾。女子大惊失色，说："你死无葬身之地了！这是公主的东西，你怎么能涂成这个样子！"陈生哀求女子替他求情免罪。女子说："你偷偷来到皇宫，已经罪不可赦。考虑到你一表人才，是个文雅书生，本想放了你，现在你自己作了孽，我帮不了你。"说完慌慌张张地拿着红巾走了。陈生心惊肉跳，恨不得生出一双翅膀飞走。过了很久，那女子又来了，悄悄地对陈生说："公主看了你题的诗，很喜欢，你不用担心被杀头了。"公主还命人给陈生送了饭菜。第二天，这件事情被王妃知道了，王妃将题了诗的红头巾扔在地上，大发雷霆，要拿陈生问罪。陈生面如灰土，跪在地上求救。

人声喧哗中，几个人拿着绳子气势汹汹地闯了过来。其中一个丫鬟端详着陈生说："我以为是谁呢，是陈郎吗？"于是命令拿绳索的人住手，说："先不要动手，等我去禀告王妃。"然后返身急急忙忙地走了，过了一会儿又回来，说："王妃请陈郎进去。"陈生战战兢兢地跟着她，来到了宫殿，见到了王妃。王妃告诉他，一年前，他救的那条猪婆龙就是自己，旁边的小鱼是那个丫鬟。当下摆出丰盛的酒席，招待陈生，感谢陈生的救命之恩。还说，陈生捡到女儿的头巾，是天作之合，让公主嫁给陈生。陈生喜出望外，神情恍恍惚惚，分不清楚是梦境还是现实。晚上，他就跟公主拜堂成亲了。公主诚恳地说："感谢你救了我的母亲。你不要嫌弃我跟你不是同类，我从龙王那里得到了长生不老的仙药，愿意跟你分享。"陈生才意识到自己到了仙境，遇上了神仙。过了几天，陈生担忧家里不知道自己还活着的消息，便先写了封报平安的家信，派自己的仆人送回去。家里的人听说陈生的船翻了，伤心欲绝，已经办了后事，妻子戴孝都戴了一年多了。仆人回来报信，家人才知道他没死。又过了半年，陈生自己回来了，衣着光鲜，带着金银珠宝，富贵大家族也没有他家富有。在后来的七八年里，陈生生了五个儿子。他天天设宴招待客人，衣食住行都非常奢侈。有人问陈生的经历，他一点儿也不隐瞒，详细地将整个事情的来龙去脉叙述得很清楚。陈生的好朋友梁子俊，在南方做了十几年的官，回家的时候路过了洞庭湖，看到陈生坐在一艘很气派的船上，船上笙歌悠扬，曼妙的女子翩翩起舞，不由得惊奇。他走上陈生的船，陈生盛情款待。梁子俊惊讶地说："才十年没见，你怎么富贵到这样的程度？"陈生笑着说："你以为书生就不能发迹吗？"陈生赠送了不少钱财给梁子俊，驾着船离开了。梁子俊很感激，回家后到陈生家探望，见陈生正在和客人喝酒，心中惊疑，说："昨天你还在洞庭湖，怎么这么快就回来了？"陈生回答说："不可能的事！"梁子俊便追述了当时的情景，所有人都惊骇不已。陈生笑着说："你肯定弄错了！难道我会分身术吗？这么短的时间，不可能往返。"大家觉得惊异，其中的缘故谁也说不出来。陈生八十一岁去世下葬的时候，人们惊讶棺材太轻了，打开一看，人不见了，只剩下一具棺材而已。

陈生善良，救了西湖主人的王妃和丫鬟。当陈生再次经过洞庭湖时，虽然遇险，差点丧命，但有幸跟随打猎的女子进入了藏匿于山中的仙境，跟美丽的公主结成了美满的姻缘，还得到了长生的秘诀。他自由地在仙境和人间穿梭，一边过着富贵奢华、佳人相伴的神仙生活，一边与家中妻儿享受天伦之乐。人生最惬意的事情莫过于此！

仙境藏匿于人间，行善的人就有机会进入。不是每个人都与仙境有缘，《醒世姻缘传》中的神仙与我们更近了：绣江县的会仙山住了许多神仙，李言忠奉皇后的命令到会仙山祈福。会仙山虽是名山，但普通人也可以到达。山上建有供奉神仙的寺庙，前来祈福的人可以落脚、休息。李言忠到达山顶后，听到山上钟鼓齐鸣，灯火照得亮如白天，无数的神仙道士在山上飞旋，还有骑着仙鹤、鹿、虎的神仙冉冉升空。《醒世姻缘传》的神山，就是一普通大山。神仙降临凡间，凡人也可以看得清清楚楚。仙界在人世，神仙跟人一起生活在人世，仙界与世间几乎已经没有界限。在冯梦龙的《醒世恒言》第三十一卷中，仙界就隐藏在城外路旁的深井中。明代凌濛初《二刻拍案惊奇》第二十四回"庵内看恶鬼善神，井中谈前因后果"同样如此。故事主人公跳井自尽，在井中意外发现了仙境。

洞天福地摆脱了原有的神秘性，是祥和宁静、人人向往的安居之所。对比凡世的战争、人心的险恶，仙界超越了现实的喧嚣和纷乱，是平等、富裕，可以让人的心灵、精神享有自由的地方。在这里，凡人可以与仙人相遇，踏上成仙之路，也可以继续留在仙乡，延续无拘无束的生活。洞天福地将遥不可及的仙境扩展到了名山大川，在"人世"与"仙界"架起了沟通的桥梁。仙境不再是神秘得凡人可望而不可即的地方，成为满足世人愿望的理想王国。

（三）混迹人世的壶天仙境

壶天的意思是仙境、胜境。较早记载这个故事的是《后汉书·方术传下·费长房》。费长房是汝南人，有一天他上街买东西，遇到一个卖药的老人。老人将一个葫芦挂在街头，卖完药，就跳到壶里面。没有一个人见到他跳入壶中，只有费长房能看到。他觉得很奇怪，准备了美酒佳肴想款待老人。老人还没等费长房开口，就知道他的用意，让他明天再来。第二天，费长房按时赴约。老人让费长房和他一起跳进壶里，只见里面亭台楼阁，简直是人间的另一个翻版。两人酒足饭饱后，一起又从葫芦里面出来了。《云笈七笺》卷二十八也有"壶天"的记载："施存，鲁人，夫

小壶天

子弟子。学大丹之道，三百年，十炼不成，唯得变化之术。后遇张申为云台治官，常悬一壶如五升器大，变化为天地，中有日月，如世间。夜宿其内，自号'壶天'，人谓曰'壶公'，因之得道在治中。"李白写有《赠饶阳张司户燧》诗："蹉跎人间世，寥落壶中天。"白居易作有《酬吴七见寄》诗："谁知市南地，转作壶中天。"陆游也有《壶天阁》诗："乃知壶中天，端胜缩地脉。"神仙或者求仙者从小小的洞口跳进葫芦后，看到的不是葫芦，而是一个完全不同的神仙世界。从此以后，就用"葫芦"或"壶天"代表"仙境"。

葛洪《神仙传》"壶公"故事源自《汉书·费长房传》。故事中的壶公也是一位卖药的老翁。壶公的真实姓名，从来没有人

一翁卖药于市 悬壶扑畔
须市罢辄跳入壶中人莫
壶公甲身夏乐戏趣

壶公

知道。现在世上保存下来的召唤鬼神、士兵、治病等的符，总共有二十卷，都出自壶公。因此，这些符又叫壶公符。有一天，汝南的费长房到街上巡查，看见一位卖药的老人到街上卖药。他卖药都是一口价，从不还价，还对买药的人说："只要吃了这种药，一定会吐出一些东西。东西吐出来，就会痊愈。"找他买药的人非常多，每天的收入都超过了一万钱。遇到贫穷没有钱买药的人，他就把药施舍给人家，从不收取任何费用。他经常在座位上挂一只葫芦，太阳落山后，就跳入葫芦里面，没有人知道他到哪里去了，只有在楼上的费长房能看见。费长房知道这位卖药的老人身份不同寻常，一直对他谦恭有礼，经常送给老人酒食，还将他坐的地方打扫干净。日长月久，老人被感动了。他告诉费长房说："晚上没有人的时候你来找我。"到了约定的时间，费长房真的按时赴约。他和老人一起跳入了葫芦，见到了仙宫世界。老人还告诉他，自己是天上的神仙，因为办事不够勤勉，被处罚来到人间经历磨难。这个故事与《汉书·费长房传》大致相同。壶公也是在街上卖药的老翁，"悬壶济世"的成语大概跟这些手持葫芦的卖药人相关。每天晚上，卖完药物，他就跳到葫芦里面，任何人也看不到他。其实，壶里面有华丽的房屋，有喝不尽的美酒。壶公朝出暮入的壶，是仙界的象征，而壶外的世界则是人世。壶中的天地是永恒无限的，壶外的世界则短暂有限。壶公每天从葫芦里面出入，能洞察世事，度化有缘人。费长房向壶公学习仙术后，也能在仙界和人世来去自如。

壶天仙境的故事，启发了唐代及后来小说对奇异空间的幻想。他们在壶天仙境故事的基础上，别出心裁地创造出壶天仙境的变体，丰富了此类故事。

薛渔思《河东记》讲述了一个用法术乞讨的故事：扬州城中的乞丐胡媚儿有一个可以容纳世间万物的瓶子，她对人说，如果有人能用钱将瓶子填满，就能获得永远的幸福。旁观的人不以为然，觉得小小的瓶子装不下多少东西。不过还是有人将钱扔到瓶子里面，然而，不管放多少，瓶子却怎么也不会满。大家都觉得很神奇，有一个好奇的人牵着一头驴，将驴赶到瓶子里。驴子像一根绳子一样进入。这时候，有几辆货车经过，货车的主人听到后，开玩笑地说，这个瓶子能不能装下所有的货车。胡媚儿将瓶口微微倾斜，货车一一进入到瓶中。货车的主人非常震惊，想要揪住乞丐，可乞丐已经偷偷地躲到瓶子里面了。货主将瓶子打碎，却一无所获。一只看起来只有半升的瓶子，竟然可以装下千万银钱、好几辆货车，简直是匪夷所思。这种新奇，仍然是壶天仙境的一种。胡媚儿作为神仙，应该扶贫济困，惩恶扬善，她放着神仙的本职工作不做，反倒做起坑蒙拐骗的勾当，修成神仙、进入仙境也就失去了意义。

人的身体也可以是壶天仙境，《玄怪录·张佐》记载了人耳内的仙境世界：开元年间，进士张佐遇到了一位背着鹿皮包、骑着青驴的老翁。老翁面色红润，慈祥和蔼，看上去气度非凡。张佐很敬仰这位老翁，对他也很好奇，问他是从什么地方来的。老翁笑而不答，后来骑着驴急匆匆地离开了。张佐追随老翁到了一家客店，并请老翁喝酒。老翁非常高兴，告诉了张佐自己的神奇经历。原来，老翁曾经得到异人指点，到了耳朵里面的兜玄国。兜玄国花卉繁密茂盛，瓦屋鳞次栉比，清泉盘旋萦绕，山崖高耸入云。可惜，他对人世还有留念，离开了这个国家。本来生活在那里可以长生，现在出来了只能获得一千年的寿命。言语之间，老翁仍然后悔不已。一个耳孔的空间，有另一个更大的空间。这个空间有城池、车马、行人、流水、清泉。就是这样一个狭小的孔道，将人世间与兜玄国的仙境分开。

随处可见的橘子，里面也有仙境。《玄怪录·巴邛人》中，四位神仙将橘子当成自己的住所：有一个不知道姓氏的巴邛人，家中种植了很多橘子树。秋天霜降，橘子的味道最甜美，巴邛人就把橘子摘下来，只剩下两只大得出奇的橘子。巴邛人觉得很奇怪，命人去摘下来。摘的时候，一点儿都不费劲，这两只大橘子跟平时的橘子轻重差不多。但把橘子剖开后，看到四位肤色红润、白发须眉的老翁正在下棋，着实让他吃惊。更惊讶的是橘子剖开后，四位老翁谈笑自如，仍然继续下棋，索取赌资。四位老翁在仙界的地位应该很高，他们赌博的赌注为"海龙神第七女发十两，智琼额黄十二枚，紫绢帔一副，绛台山霞实散二庾，瀛洲玉尘九斛，阿母疗髓凝酒四锺，阿母女态盈娘子跻虚龙缟袜八两"。要得到海龙神女儿的头发、西王母疗髓的凝酒、西王母穿的白袜，绝不是容易的事。老叟说"桔中之乐，不减商山"，言外之意，橘子是藏匿在人间的仙境。这个故事将仙境转移到橘子中，童颜鹤发、玩闹戏谑的四位仙翁，愈发让故事趣味横生。

在传统的观念中，神秘莫测的神山仙岛凡人不可踏入，那里是神仙的住所。即使不是神山仙岛，也得是气势巍峨的名山大川。随着道教与世俗日常生活的相融，仙境也逐渐向日常生活倾斜。生活中随处可见的洞穴，也有可能是藏匿于人世的仙境。甚至与人的生活息息相关的器具，如瓶子、葫芦，用来食用的水果如橘子，人身体的一部分如耳朵等。看似细小平凡的物体安置了一个复杂庞大的世界，并且有通道与人世相连。通过孔洞，人在尘世中不仅可以窥见其中的奥秘，还可以进入，仙境已经变得无处不在了。

四、成仙方式篇

前面已经解释了什么叫神仙，除与生俱来就是神之外，成仙的意思一般指凡人通过修炼、机缘等变成神仙。凡人可以成为神仙，享受荣华富贵，享有永久的生命，是修炼道术人最大的梦想，也是道教吸引信徒的魅力所在。日本著名的中国道教研究专家洼德忠先生在《道教史》中指出："在地球上使自己生命无限延长，这就是神仙说的立场。似乎可以认为现实的人们所具有的使天生的肉体生命无限延长并永远享受快乐的欲望，产生了神仙说这样的特异思想。"道教的神仙说满足了人内心的最大欲求。怎样才能成仙？

成仙最早可以追溯到巫师用仪式通神的活动。《说文解字》说："巫，女能事无形，以舞降神者也像人两袖舞形。与工同意。"远古时候，女巫通过舞蹈，与神交流、沟通，如果让神灵感到愉悦，神灵就会降临人间。《国语·楚语》又说："古者民神不杂。民之精爽不携二者，而又能齐肃衷正，其智能上下比义，其圣能光远宣郎，其明能光照之，其聪能听彻之，如是则明神降之。在男曰觋，在女曰巫。"古人认为，某些人具有特殊的能力，

能够与神灵相通。能与神
灵相通的男人称为觋，能
与神灵相通的女人称为巫。
可见，觋、巫是沟通人神
的非凡人物。既然人可以
和神相通，人理所当然也
可以成为神。觋、巫的通

巫、觋

神活动，为后世凡人成为神仙提供了依据。

（一）服食灵药

　　道士在养生实践中自觉或不自觉地发现，自然界的矿物质、
植物有延年益寿的功效。葛洪等道教思想家经过长期摸索，逐渐
形成了一套服食灵药可以成仙的理论。服用的灵药主要有草本药
和金石药。草本药主要有两种：第一，可以食用的瓜果，如桃、
梨、瓜、枣等；第二，具有药用价值的植物，如茯苓、人参、枸
杞、首乌等。金石类的药物也有两种：第一，天然的矿石，如石
髓、钟乳、云母、硫黄等；第二，炼制而成的丹药。桃、枣、
瓜、人参、首乌等自然界存在的植物，以及云母、硫黄等矿物
质，都是人力所能及的。服用灵药可以成仙，简便易行，极大地
激发了人们成仙的热情和欲望。魏晋小说《列仙传》《神仙传》
《搜神记》，唐代小说《酉阳杂俎》《稽神录》《神仙感遇传》，明

代白话小说"三言二拍",以及明清长篇小说《红楼梦》《西游记》《封神演义》等出现了服用灵药成仙的故事。

为什么会产生服食药物可以成仙的观念?弗雷泽《金枝》认为,服食成仙的依据是交感巫术原理。一般说来,草本类药物生命周期都很长,春天开花,夏天结果,秋天凋谢。但到了第二年,又周而复始,循环反复地开始新的生命。如《神仙传》中安期生食用的枣,《拾遗记》中的崆峒灵瓜,《西游记》中三千年一熟的蟠桃、镇元子九千年才熟的人参果。而炼制金石药的原料则是不易朽坏的坚固矿石和金属。道教认为,食用了此类物品,此类物品的属性就会转移到人身上,人就能长生不老。

神仙赤将子舆

《列仙传》记载了许多人服用灵药飞升的故事,如赤将子舆服用百草的鲜花而成仙:"赤将子舆者,黄帝时人。不食五谷,而啖百草花。至尧帝时为木工,能随风雨上下。时时于市中卖缴,亦谓之缴父云。"赤将子舆是黄帝时候的人,他不吃五谷,专吃百草的鲜花。到尧帝时,他就能在风雨中自由飞行。偓佺服用松树的果实遍体生毛而成仙:"偓佺者,槐山采药父也。好食松实，形体生毛，长数寸。两目更方，能飞行逐走马。以松子遗尧，尧不暇服也。松者，简松也。时人受服者，皆至二三百岁焉。"偓佺是在槐山中采药的人，爱吃松子，遍身长着长达好几寸的毛。他的眼睛是方形的，走的时候疾步如飞，可以追上奔跑的骏马。师门服用桃子而成仙："师门者，啸父弟子也。亦能使火，食桃李葩。为夏孔甲龙师。孔甲不能顺其意，杀而埋之外野。一旦风雨迎之，讫则山木皆焚。"师门是啸父的弟子，能够让火升到空中。平时他不吃五谷，只吃桃树、李树开的花。后来，替夏王孔甲养龙，孔甲对他不满意，就把他杀了埋在郊野。一天早上，风雨来迎接他。他升天后，山上的草木全部都被烧光了。

宋代小说《稽神录·食黄精婢》记载了服食黄精可以成仙的故事：临川有一个叫唐遇的人，对待家里的奴婢十分暴虐。奴婢不堪忍受，逃到大山里面躲了起来。没过多久，身上带的食物已经吃完了，没办法只好采摘路边的野草吃。晚上她害怕山中的老虎，心想要是能飞到树上就能躲避猛兽。她想着想着，身体不由自主地飞到树上了。以后，她每天采摘那种植物充饥，身体也变得越来越轻盈，可以飞到很高的山顶，甚至感觉不到饥渴了。有一天，唐遇家的仆人到山里砍柴，发现了这个奴婢。唐遇派人把奴婢抓回来，可奴婢像鸟一样可以飞翔，撒网也没有将她抓获。唐遇想到了一个办法，放很多美食在山里，看奴婢来不来吃。看到美食，奴婢果然不再吃野草。过了一段时间，她再也不能飞起来，就被抓回去了。唐遇问奴婢没有饭吃的时候，吃的是什么，奴婢老老实实地告诉了主人。原来，她吃的野草是吃了可以成仙的灵药——黄精。

人参被称为药中极品，服食人参也可以成仙。不过，服食的人参必须是千年以上有灵气的人参，否则对成仙没有任何帮助。《太平广记》卷五十一"陈师"：豫章旅馆梅老板仁义谦虚，待人友善，特别照顾前来投宿的旅客。只要是和尚、道士来住店，他从来不收一分钱。有一个衣衫褴褛的穷道士经常来投宿，梅老板从不嫌弃，每次都热情招待。有一天，这个道士对梅老板说："我明天要准备斋饭，向您借二十只瓷碗、七双筷子。欢迎您也来参加聚会，要是不知道地方，可以在天宝洞前打听陈师。"梅老板答应了，道士拿着东西走了。第二天，梅老板果真来到天宝洞前问附近的人，可没有人知道那个地方。他找了好久都没有找到，正打算回家，偶然发现一条干净明亮的小路，小路的尽头是一个大院子。他试着继续询问，有个青衣童子开门，正巧这就是陈师住的地方。进去后，衣衫褴褛的道士变得华贵整洁，命人准备吃的，一会儿，吃的东西拿来了。道士给梅老板蒸了一个看起来像小婴儿的人参，梅老板不敢吃；道士又给他蒸了一条看起来像狗的枸杞，梅老板仍然不敢吃。道士很惋惜地对梅老板说，虽然你很善良，但是却没有仙缘，所以吃不到千年人参、枸杞，不能够成仙。在这则故事中，梅老板虽然没有成仙，但告诉我们服用千年人参、枸杞可以让人成仙。唐代杜光庭《神仙感遇传·维扬十友》也讲了一个与仙药无缘的故事：扬州有十位大善人，他们都家产富足，不追求官职，一心想学道。因为有共同的志趣爱好，他们成为好朋友。当时，国家安定，百姓安居乐业，人们不论贫富贵贱，都把快乐当志向。有一天，一个瘦弱、穿着脏兮兮的麻布衣服的老人出现了。他听说十个有志于学道的人在聚会，就去拜访。大家都是率性之人，并不嫌贫爱富，没有责备也没有赶老人出来。酒足饭饱后，老人不知道去了哪里。一天，老人突然出现在这十个人面前，说："我参与了你们十个人的聚会，为了答谢你们，我想办一桌酒宴。"到了约定的时间，十个人一起来到约会的地方等待。凌晨，老人准时来了。他带着众人来到偏僻的郊外，这里杂草丛生，一间房子已经倾斜，摇摇欲坠，看起来随时会倒。有几个乞丐还在房子旁边，蓬头垢面，破衣邋遢，形状鄙陋卑劣。老人来到后，所有的乞丐都站起来迎接，站在墙边等待命令。老人让这些人打扫屋子，陈列荷花，拔除荒草，铺上席子，围坐在一起。这时天色已经很晚，大家早就饿了。又过了很久，乞丐们把醋、盐、竹筷子放在客人的面前，几个人抬着一个四五尺长的案板，把它放在席子的中间，上面还用油布盖着。十个人心想，终于能吃上饭了，这么多，肯定能吃饱。揭开油布一看，原来是一个十几岁的小孩子，已经被蒸烂了，眼睛、脖子、嘴巴和手脚都掉落在案板上。再仔细一看，原来是人参！他们看那人参是小孩子的模样，十分厌恶，其中有些人还当场发怒。老头旁若无人地将这只人参吃下，没吃完的，就送给乞丐吃了。吃完后才告诉所有的人，刚才吃的是千年人参。吃了的人能白日升天，成为上仙。不久，乞丐和老头一起升天了。维扬十友十分后悔，但也于事无补。这些故事，跟《西游记》中的唐僧不敢吃人参果十分相似。

随着神仙道教的发展，草木类的药物越来越神秘。《仙经》云："常以三月入衡山之阴，取不见日月松脂，炼而饵之，即不召而自来。服之百日，耐寒暑。二百日，五藏补益。服之五年，即见西王母。"服用松脂等灵药，可以见到西王母。随着对服食成仙的渲染，人们对草木的成仙功效到了极为狂热的程度。到后来，观念发生了改变，认为服用草木类的药物对成仙没有任何帮助。葛洪说："世人不合神丹，反信草木之药。草木之药，埋之即腐，煮之即烂，烧之即焦，不能自生，何能生人乎？"草木类的药物只要埋在地下，很快就会腐烂，用火烧也会马上烧焦，不可能让人的身体坚固、长生。只有服用金石类的药物，尤其是炼制的丹药，才可以成仙。服食金丹有神效："凡欲长生，而不得神丹金液，徒自苦耳。虽呼吸导引，吐故纳新，及服草木之药，可得延年，不免于死也，服神丹令人神仙度世……"（《黄帝九鼎神丹经诀》卷一"黄帝九鼎神丹经"）

唐代传奇小说裴铏《传奇·许栖岩》中的许栖岩，吃了仙女给的石髓后成仙：许栖岩是一个读书人，好不容易考中了进士，他向往的不是升官发财，而是神仙世界。每天他早晚到神仙画像前虔诚祈祷，希望能够飞升成仙。一天，他买了一匹宝马。骑马的时候，他不小心从马背上摔下来，跌落到山崖，与两位仙女相遇。仙女送了一杯石髓给他吃。许栖岩吃的石髓，是可以让人成仙的灵药。他在山崖待的时间看似短暂，实际上人间已经过了六十年。他骑马回到家乡，家中已经没有认识的亲人。他骑的那匹马，被一个叫田婆的乡亲放在水边，变成一条龙飞走了。田婆原来也是一位生活在人间的神仙。许栖岩吃了石髓，也变成了神仙，可以活上千年。

《太平广记》卷一百四十"陈金"，偷吃从棺材中得来的硫黄，获得了永远的青春：陈金年轻的时候在江西节度使刘信的手下当兵，当他们的军队围困虔州时，陈金与五个同伙暗中掘开了一座大坟。打开棺材盖，一股白气冲天，看见一个面色如生的白胡子老人，墓中散发出不同寻常的香气。陈金看见棺材盖上有粉状的物体，发出硫黄的气味，就捧着把它放在衣襟中揣了回来。他知道吃了硫黄可以成仙，非常自私地隐瞒，一个人偷偷地带出来服用。从此以后，陈金再也没有病痛，七十多岁了，仍然和年轻人一样健朗。

葛洪所著的《列仙传》《神仙传》，记载了很多服食丹药成仙的人物，如皇帝、赤松子、王子乔。《神仙传》里飞升的典型，是西汉淮南王刘安一家。汉武帝得到伍被的密报，怀疑淮南王谋反，便派使臣前来查证。在使臣到达前，八公给淮南王炼制了一大鼎仙药，叫他赶紧喝下去。淮南王虽竭尽全力，一鼎药仍然没有喝完。于是，家中上上下下、大大小小三百多口人，围住大鼎舀药喝。喝的过程中，他们太过于匆忙拥挤，地上撒漏了不少药汁，家里养的鸡、狗等家畜也跑过来喝。不一会儿，淮南王便带着全家老小，以及吃了药的家畜同时飞升。"一人得道，鸡犬升天"的成语大概就是这样来的。

葛洪炼丹图

服食丹药成仙，葛洪《抱朴子》说："夫金丹之为物，烧之愈久，变化愈妙。黄金入火，百炼不消，埋之，毕天不朽。服此二物，炼人身体，故能令人不老不死。"金丹类的药物，不管怎么烧，都不会烧坏，即使埋在地下上千年，也不会腐烂。只要服用了这样的东西，人的身体也能像坚固的丹砂一样永恒不坏。葛洪在《抱朴子内篇·仙药》中的观点是"服金者，寿如金。服玉者，寿如玉也"。他说："又化作之金，乃是诸药之精，胜于自然者也。"人工冶炼出的金丹比自然的仙草疗效更好。葛洪极力宣扬修道成仙，追求超凡脱俗的"仙境"，以实现"长生不死，白日飞升"的理想。服食动植物、金石类药物，以及炼制的丹药可以成仙，是道教创立初期外丹术的体现。葛洪在《抱朴子内篇·仙药》里介绍了自然界这些稀罕物质的特殊功效。《神农四经》曰："上药令人身安命延，升为天神，遨游上下，使役万灵，体生毛羽，行厨立至。又曰，五芝及饵丹砂、玉札、曾青、雄黄、雌黄、云母、太乙禹馀粮，各可单服之，皆令人飞行长生。又曰，中药养性，下药除病，能令毒虫不加，猛兽不犯，恶气不行，众妖并辟。"又《孝经·援神契》曰："椒姜御湿，菖蒲益聪，巨胜延年，威喜辟兵。"好的灵药可以让人成为天神，在天地间自由往来，还能使唤万物。灵芝、雄黄等自然界的灵药，可以让人长生；普通的药物可以休养身体、延年益寿，辟邪去恶。实践中发现，服用茯苓、枣、人参等具有药性的植物，只能强身健体、延年益寿，并不能成仙。服用云母、硫黄等矿物质及炼制的丹药，不但不能养身，不少人反而因此丧命。因此，道教信徒逐渐注重对个人心性修炼的重视，道教修炼的理论从外丹术转向了内丹术。小说中也出现了个人悟道、努力修炼，或者对人的心性进行考验而成仙的故事。

（二）内省悟道

人生活在现实世界，经常受到七情六欲的困扰。要成为神仙，首先要放下对红尘世界的痴迷，以一颗平静、淡然的心面对钱财、美色、功名，意识到人生如梦后幡然悔悟，走向神仙世界。

南朝宋刘义庆《幽明录·柏枕幻梦》中的汤林（《太平寰宇记》卷一百二十六引《幽明录》作杨林），梦幻中领略了结婚生子、做官的幸福，醒来后所有的一切杳无踪影。故事如下：焦湖神庙里有一个管理香火占卜的道士，他有一个柏木做的枕头。这个枕头已经有三十年的历史了，枕头后面有一个小口子。有一天，一个叫汤林的生意人经过这间庙宇，他来到庙里祈福。道士问他，你结婚了没有？如果没有，你的头可以靠近这个枕头的小口子。汤林靠近小口子的时候，没想到里面别有洞天。他看见红色的大门映入眼帘，里面亭台楼阁，非常奢华、富贵，比人世间的风景美丽多了。汤林拜见了赵太尉，赵太尉为他主办了婚礼。他先后养育了四个儿子，两个女儿，家庭生活美满。在官场上，他平步青云、官运亨通，首先被选上了秘书郎，不久就升迁为黄门郎。汤林在枕头的空窍里，已经将尘世抛在脑后。但好景不长，官场风云变幻，不久他惹恼了皇帝，要受到处罚。道士让汤林从枕头里面走出来，出来的时候汤林发现，在枕头中经历了那么多年、那么多事，只不过是一场梦。

生意人汤林在现实中不可能改变自己的出身，更不可能成为显赫一时的官僚。魏晋时期，统治者实行重农抑商的治国政策，给从事不同行业的人划定了等级，依次为"士兵工商"。商人在整个社会群体中被视为"贱类""杂类"，地位最低。要想改变命运，重要途径是参加政府举行的选拔官吏的考核。当时选拔官吏的办法是九品中正制，而这种制度把出身看得非常重要，是否贵族出身是入选的重要标准。吏部铨选、公府辟召、州郡辟召、太学生策试入仕等九品中正制以外的选官途径，也必须依据出身门第。九品中正制的推行，造成了"上品无寒门，下品无士族"的局面。正如川合安指出的："一旦占据了中央政府显贵地位的权势之家……在中央也利用地方的金字塔（后汉以来形成的各郡的豪族排列名次——川合注）为铺垫，以在此基础上建构全国性的贵族金字塔。"除此之外，汉代的用人制度对魏晋南北朝影响深远。《史记·平准书》记载："天下已平，高祖乃令贾人不得衣丝乘车，重租税以困辱之。孝惠、高后时，为天下初定，复弛商贾之律，然市井之子孙亦不得仕宦为吏。"汉代开始把商人贬低为连普通人都不如的下等人，商人的子孙世世代代都不能做官。魏晋时期的用人制度，甄选标准及观念很大程度上向汉代靠拢，商人地位卑微，就不足为奇了。《幽明录·柏枕幻梦》这则故事，关注商人的命运及思想，以梦的形式将现实世界与精怪世界衔接，让主人公不能实现的现实欲望在虚拟的世界得到了满足。历经红尘富贵、宦海风波，汤林最后得到的却是牢狱之灾。他顿时看透了名利的真实面目，转向道家的淡泊名利、修身养性。故事宣扬了人生如梦的主题，警醒世人清心寡欲，修道成仙。成仙才是人生最终的归宿。

　　唐代小说家继续采用这个主题创作。大家熟知的是李公佐的

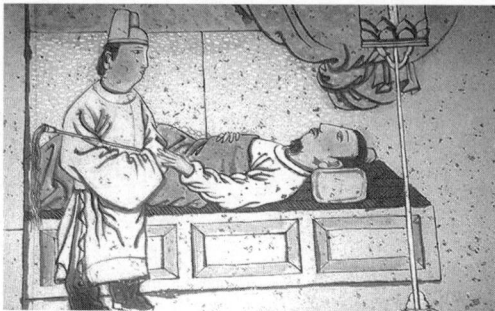

淳于棼入梦

《南柯太守传》，"南柯一梦"的成语就出自这篇传奇小说。《南柯太守传》讲述了一个叫淳于棼的人的故事：淳于棼是东平这个地方的富家子，曾经担任淮南军的裨将。他因为好酒贪杯忤逆了主帅，被驱逐后在广陵安家，落魄潦倒的他，整天饮酒取乐。有一天，朋友看他醉得不省人事，就把他扶到床上睡下。恍恍惚惚中，有两位穿紫衣的使者跪着请淳于棼到槐安国去，心情低落的他已经很久没遇到这么好的事情了。他连忙整理好衣服，跟着两位使者上路了。进入一个洞穴后，一路见到的山川美景、楼阁房屋、来往行人，跟人世间一样。到了槐安国，国王准备了丰盛的宴席为他接风洗尘。淳于棼感受到了前所未有的高规格待遇，十分高兴。更让他惊讶的是，国王把自己的宝贝女儿嫁给了他，成了驸马。多年来的压抑和内心的愤恨不平一扫而光，总算扬眉吐气了。处理公务的时候，贤慧、能干的妻子从旁协助。有一天，他接受了南柯郡太守的职务。为了做出成绩，广招天下有才的人，替他治理南柯郡。二十年过去了，南柯郡治理得井井有条，百姓都安居乐业，到处呈现出一片繁荣景象。百姓为他树立功德碑，建造寺庙。国王也非常器重他，赏赐封地，授予相当于丞相的爵位。淳于棼先后生了五个儿子，两个女儿。儿子因出身高贵，都封了大官，女儿和王族的子弟结婚。全家都权势倾天，盛极一时，没有人能与他相比。然而，盛极必衰！有一

淳于棼在南柯郡的生活

年，檀萝国进攻南柯郡，国王命令淳于棼应战，没想到大败而归。淳于棼的妻子也病重，十天后就死了。淳于棼请求卸下南柯郡太守的官职，回到京城居住。由于淳于棼长期在外郡做大官，和京城的重要官员很有交情，豪门贵族都和他交好，威望和权势一天比一天高，国王开始有点儿不信任他了。这时有人上奏章，说槐安国宫廷将要发生政变，主要原因是重用外族的人，将矛头直接指向了淳于棼。国王下令将淳于棼送出槐安国。离开槐安国的时候，路上的风景历历在目，和刚进槐安国时相比，没有多大变化。但跟随的侍者只有两个，坐的车子破烂不堪，前后巨大的反差让他倍感凄凉。他问使者什么时候可以回到自己的家乡广陵郡，两位使者完全不放在心上，漫不经心地告诉他很快就到了。不一会儿，车子出了洞穴，淳于棼看见自己的家乡和过去一样，没有任何变化。联想到自己从豪门贵族变成平民百姓，禁不住悲

从中来，流下眼泪。回到家门口，他看到自己的身体躺在大堂东面的廊檐下，又惊又怕，不敢走向前。两位使者大声叫他的姓名，淳于棼醒了过来。他看见家里的仆人拿着扫帚打扫庭院，两个朋友坐在榻边洗脚，斜阳照在西边的墙上，杯中喝剩下的酒放在东窗的窗台，才恍然大悟，自己所经历的不过是梦。淳于棼感叹不已，将自己的经历告诉了两位朋友。他们在家附近的一棵大槐树下找到了梦中的槐安国、南柯郡、曾经打猎的灵龟山，以及安葬妻子的盘龙冈。淳于棼感慨人生一世，不过弹指一挥间转瞬即逝，从此戒酒戒色，信奉道教，悟道后第三年病死在家，飞升成仙。

《南柯太守传》在梦幻中让主人公满足一切欲望后乐极生悲，顿悟人生的虚幻。不少研究者对此进行了细致的研究。台湾学者张汉良指出，这类作品的主人公在人世间都很不得志，在梦中却获得了虚幻的满足。这种梦幻，反映了唐代贫寒士子希望通过科举考试或者与高门大户结婚跃身官场的理想。在唐代，科举考试极为重要。通过科考进入官场是读书人的梦想，所谓"十年寒窗无人问，一举成名天下知"。但想通过考试非常不容易，当时就有"三十老明经，五十少进士"的说法。根据清代徐松的《登科记考》，整个唐代290年的时间，约举行了268次科举考试，录取进士的人数是7448人，平均每榜只有28人。除去一些高门贵族，寒门士子能够获得的名额少得可怜。没有背景、没有关系、家境贫寒的读书人，科举考试的路走不通，婚姻应该可以改变命运。

于是贫寒士子幻想攀附豪门贵族，通过与贵族女子结婚，改变自己的处境。唐高宗时的宰相薛元超富贵至极，他一生也有三个理想没有实现。其中一个是没有通过科举考试进入官场，另一个是没有跟五姓女结婚。五姓女指南北朝到隋唐时候最显贵的几个门阀士族：崔姓（博陵崔氏、清河崔氏）、卢姓（范阳卢氏）、李姓（赵郡李氏、陇右李氏）、郑姓（荥阳郑氏）、王姓（太原王氏）。贵族女子是适婚阶段男子争相求偶的对象。在《南柯太守传》中，淳于棼与公主结婚当上驸马后，命运有了翻天覆地的变化，就是这种心理的反映。现实是，唐代人结婚，很多时候都考虑门当户对，贫寒士子根本没有机会跟贵族女子接触。跟贵族女子结婚，也只能是士子们一厢情愿的空想。贫寒士子在"南柯梦"中，受人指引进入梦幻的仙乡，感受位极人臣、权势倾天的富贵，满足与贵族女子结婚的虚荣，然后从云端跌落，回到现实，重新获得对人生的认识。道教认为世俗之人为红尘欲望所惑，根本无心领悟神仙的快乐风光，要证仙悟道，首先得悟出尘世之虚幻、尘世之不可留恋。

唐代悟道成仙的小说，故事的重心在悟，成仙是其次。到了宋代，这一类型的故事急剧变化，突出悟道后的成仙。如冯梦龙《醒世恒言·一文钱小隙造奇冤》：明朝的时候，江西景德镇发生了一起命案。案件牵涉的人很多，面很广。案发的原因可以说微不足道，由邻居之间一文钱的纠纷引起。后来，纠纷进一步复杂化，卷入了当地两个富裕家庭的争田官司。几经波折，经过两年时间的断案，才真相大白，前后断送了十三条人命。故事开篇以吕洞宾成仙的故事揭示主题——钱财名利是身外之物，悟道修炼成仙才能消除灾祸，换来平安。吕洞宾是岳州河东人，大唐咸通年间考中了科举。考中后志得意满，踌躇满志地在长安游玩、闲逛。有一天，他在酒馆遇到了钟离权，钟离权对他稍加点拨，他就明白宦海不是久留之地，便向钟离权请求解救世人及成仙的方法。钟离权见他有慧根，就传授了点石成金、分合阴阳的法术。从此以后，他立下志向，要将天下所有的人都从名利的火海中解救出来，才成为天仙。没完成心愿前，他宁愿当一个地仙。一直以来，吕洞宾为考中进士勤奋读书，传统"万般皆下品，唯有读书高"的思想在他的观念中根深蒂固，他希望考中科举光耀门楣。得钟离权的点化后，他突然醒悟，人世间的功名利禄到头来都是一场虚幻梦。此后他修得仙身，游历人间。他手持一只容量无限大的瓶子，试探世间的人是否贪财，如果遇到有缘人就度化他成仙。

除了功名利禄，色欲情爱也让人怦然心动，难以割舍。冯梦龙《警世通言·庄子休鼓盆成大道》极力宣扬舍弃尘世间的爱欲，过一种逍遥无碍的神仙生活：庄子拜老子为师，学会了"分身隐形，出神变化"的法术。有一天，他经过坟地，看到一位穿着丧服的美貌少妇不停地在刚刚堆好的一座坟墓上用白色的扇子扇。庄子觉得很奇怪，就走上去问少妇为什么要用扇子扇坟墓上的土。少妇回答说，丈夫死之前和我非常恩爱，到死的时候都舍

不得跟我分离。在他死之前，我们约定如果我要改嫁，必须等到他坟墓上的土干了以后。这新筑的土不可能马上

庄子敲盆唱歌

干，只好用扇子不停地扇。庄子听了少妇的话后，用法术帮助她将坟上的土扇干了。少妇十分感激，将白扇子作为谢礼送给了庄子。庄子回到家中，将这件事情告诉了妻子田氏。田氏听完后非常生气，一边把白扇子撕得粉碎，一边骂那少妇太不贞洁，并向庄子表示自己会从一而终，恪守妇道。没过几天，庄子突然生病死了。田氏非常伤心，她把庄子的尸体装在棺材里，日夜啼哭。庄子死后没几天，有一个仰慕庄子前来拜师的青年小伙子来访，这位小伙子叫楚王孙。楚王孙看到庄子已经死了，很难过，愿意留下来为庄子守孝。楚王孙和田氏相处一段时间后，渐渐熟悉了，并产生了恋情，于是商量举办婚礼。他们把庄子的棺材抬到后面的破烂小屋，收拾房间，办起了筵席。在即将入洞房的时候，楚王孙突然心痛倒地，他说想要治好他的病，必须吃人的脑髓。田氏想庄子死了，他的脑髓应该可以用，就找来一把斧头，砍开了庄子的棺材。庄子突然从棺材里面坐了起来，楚王孙也消失不见了。原来，楚王孙是庄子幻化用来考验田氏的。田氏羞愧

难当，上吊自杀。田氏死后，庄子一点儿都不悲伤。他把田氏装
入曾经装自己尸体的棺材，敲打瓦盆大声唱歌。白衣少妇、田氏
对待爱情的态度，让庄子明白情爱也只是梦幻一场。唱完歌后，
他大笑一声，大彻大悟，将瓦盆打碎，将房子、棺材全部烧毁，
追随老子云游四方，最后得道成仙。作品"得胜头回"（话本小
说术语。在话本开头，往往安排若干诗词，或讲一个故事。诗词
或小故事内容，与正文有些关联。这个开头，在话本中称"入
话"，又叫"得胜头回"）中的《西江月》诗歌也强调了忘却尘
世情缘，才能获得身心的自由："富贵五更春梦，功名一片浮云。
眼前骨肉亦非真，恩爱翻成仇恨。莫把金枷套颈，休将玉锁缠
身。清心寡欲脱凡尘，快乐风光本分。"作者对这首诗歌的解释
是："要人割断情迷，逍遥自在。"作者在得胜头回表明创作意
图，不是教唆天下夫妻不和睦，而是希望痴男怨女六根清净，参
透红尘情缘："如今说这庄生鼓盆的事，不是唆人夫妻不睦，只
要人辨出贤愚，参破真假，从第一着迷处，把这念头放淡下来。
渐渐六根清净，道念滋生，自有受用。"这里的第一着迷处，就
是庄子抛弃的夫妻恩爱。只有参透人世最难舍弃的色欲，才能
得道。

明清小说梧岗主人《空空幻》、吴元泰《四游记》、沈起凤
《谐铎》卷十"螳蛄郡"和卷六"梦中梦"、蒲松龄《聊斋志异》
卷五"续黄粱"、曹雪芹《红楼梦》、冯梦龙《醒世恒言·杜子
春三入长安》等都是典型的悟道成仙型的故事。关于道教的悟道

成仙，葛兆光先生把它和儒佛二教进行对比："如果说儒家学说对于潜藏在人的意识深层的欲望力量更多地采用在社会理想上的升华、转化的方法，佛教更多地采用在内心中的压抑、消灭的话，那么，道教则更多地采用一种迎合的方法，使它在虚幻中满足，在宣泄中平息。"人有七情六欲，这是不可避免的。儒家激发人的内在欲望，将欲望转化成积极进取的动力，从而实现这种欲望；佛教主张四大皆空，对人的欲望进行压制；而道教采用满足人的欲望，甚至放纵人的欲望的方法让人体验。通过切身体验，使人顿悟所有的一切都只是镜花水月，从而看破尘世，去除尘欲。名、利、色为红尘痴迷者极力追求之物，道教悟道成仙的故事也往往把名、利、色的悟破作为成仙的关键。

（三）修炼考验

神仙世界风光无限好，成仙的道路却非常漫长。凡人要想成仙，不可能一蹴而就，必须经过艰苦的修炼或者考验。道教发展到唐代，认为成仙得道要修心炼性。老子认为"五色令人目盲，五音令人耳聋，五味令人口爽"，缤纷的色彩，使人眼花缭乱，无法正确分辨；美妙的乐音，使人听觉失灵，难以正确判断；丰盛的食物，使人舌不知味，不能品尝真正的美味。老子认为人不能追求声色的娱乐，只有摒弃物欲的诱惑，才能保持安定知足的生活方式，清醒地看待世间发生的事情，否则很容易被外在的诱惑迷失自我。因此，只有澄心净性，对人的心性进行修炼，才能达到道的境界，抛弃尘世成仙。这种修心炼性的思想，反映到小说作品中，出现了修炼考验才能成仙这一类型的故事。

丁令威驾鹤成仙

托名陶渊明的《搜神后记》卷一"丁令威"，故事主人公丁令威在灵虚山修道，修成后变成一只仙鹤回到家乡。家乡的一位年轻人不知道这只仙鹤是丁令威变的，想用弓箭将他射下来。丁令威扑腾一声飞向天空，一边飞一边说话，"有鸟有鸟丁令威，去家千年今始归。城郭如故人民非，何不学仙冢垒垒"。丁令威告诉乡亲自己已经得道成仙。这是一则典型的修炼成仙的故事，目的在于鼓励人们潜心学道。丁令威的故事是学道成仙故事中较早的，故事没有具体交代修炼成仙的过程，表明此时故事不重在突出修炼，而在于修炼者的意志是否坚定，修炼者是否诚心。

对修炼者进行考验的比较典型的是唐代传奇小说，即牛僧孺《玄怪录·杜子春》。在《玄怪录·杜子春》当中，修道过程被描写得异常艰辛，修道者要克服各种磨难才能修成正果：杜子春出生在一个有钱的大家族，生性放荡，不会治理家财。整天游荡，饮酒作乐。没多久，父辈留下的财产被挥霍完了，他只好投奔亲戚。亲戚都嫌弃他不务正业，没有人愿意收留。他衣衫破烂、饥寒交迫地在长安街上游荡，找不到容身的地方。这时候，一个白发苍苍的拄着拐杖的老人送给他三百万钱。三百万是多大的一个数字啊！素不相识的人，竟然白白送这么多钱，杜子春一点儿也不怀疑，他还真是头脑简单。杜子春有钱了，没钱的时候过的苦日子早抛到了九霄云外。他仍然大手大脚，不把经营家业放在心上。一两年的时间，所有的钱财都消耗尽了，他又贫困如初。老人再次出现，给了他一千万钱，结果和第一次一样，钱很快就用完了。老人第三次出现，给了他三千万钱。他痛改前非，安顿家中老小的生活，发誓跟随老人炼丹学道，报答老人。炼丹的时候，老人告诉他，在他眼前出现的都是幻象，不论发生什么事情，都不能发出声音。只要发出声音，炼制的丹药就会失效。杜子春先后面临了三次考验。第一次考验，杜子春遭到将士及数以万计的猛虎、毒龙、狻猊、狮子、蝮蛇的撕咬。他不动声色，顺利通过了。第二次考验，大将军、小鬼和神仙，折磨杀害了他和他的妻子，他也没吭一声。第三次考验，杜子春转生为哑女，结婚后生下一个非常聪明的儿子。可是杜子春的丈夫厌恶儿子不笑，将孩子摔死在地上。杜子春爱子之心顿生，不由自主地发出声音，导致炼丹功亏一篑。老人告诉他，他的心中没有了喜、怒、哀、惧、恶、欲，却不能放下爱，所以不能成为上仙，要他继续努力修行。这个故事说明坚持不懈才能修道成仙、成正果，可修炼的过程及最后的结局令人触目惊心。如果为了正果，要用亲人的生命来考验，这种正果不要也罢！

在意志坚定、通过幻境考验方面，吕洞宾是为数不多的一个。明代洪应明《仙佛奇踪》卷二"吕

黄粱一梦

洞宾成仙"，吕洞宾先后经过了十次考验。吕洞宾在庐山云游，遇到了火龙真人，传授了他天遁剑法。回来后，连续两次都没有考中进士，那时他已经六十四岁了。愁闷不已的他，整天在长安城的酒馆喝酒解闷。有一天，他遇到了张子房先生。张子房先生让他在睡梦中满足了状元及第、娶妻生子、当上高官的愿望。可惜好景不长，他因为触犯刑罚，权力、财产顿时烟消云散。正在感慨哀叹的时候，他就醒来了，前后时间，还没有煮熟米饭，这就是"黄粱一梦"的来历。看透红尘、顿悟人生后，张子房开始了对吕洞宾的试炼，前后他共经历了十次考验：第一次，家中的亲人全部死去，他为他们准备棺材，没有丝毫悲伤。突然之间，家人又全部活了过来；第二次，吕洞宾上街卖东西，商人只肯出半价买下，吕洞宾没有跟商人争吵，以商人的价格将东西卖掉了；第三次，他出门遇到了无理取闹的乞丐，他大方地施舍财物；第四次，吕洞宾到山中放羊，羊遭到老虎的攻击，他用自己的身体挡住老虎；第五次，吕洞宾居在山中草屋读书，一容颜绝

世的美女前来，他没有心动；第六次，吕洞宾外出回家时，家里的财产全部被盗贼偷走了。他淡定自如，安心锄地。锄地时，意外发现数十斤黄金，他迅速掩埋，没有取一分一毫；第七次，吕洞宾遇到一个卖铜制品的人，买回来后，发现是黄金做的，立即找到那个人，将东西归还；第八次，他买了一个疯癫道士的药，这种药吃了就会死，吕洞宾没有惧怕，当即吃下，没有任何事情发生；第九次，春天洪水泛滥，吕洞宾和许多人一起渡河，其他人都战战兢兢，吕洞宾临危不乱；第十次，吕洞宾一个人坐在一间房子里，出现了数不清的鬼魅。鬼魅想杀死他，吕洞宾一点儿都不害怕。吕洞宾通过了情、爱、名、钱财等的考验，功德圆满，最后得道成仙。

考验试炼型成仙的故事，强调的是要抛弃红尘的功名利禄、情欲爱恋，执着坚定地求道。为了考验修道者是否诚心，神仙或者道教宗师还经常设置种种世俗诱惑当陷阱，考验修道者。只有心诚意坚、相信师傅的人，才能得到点化而成仙。

葛洪《神仙传》中的魏伯阳，潜心道术，跟随师傅修道。有一天，师傅炼成了丹药。为了试炼丹药的药性，师傅把一颗给狗吃。没想到，狗吃了马上就死了。师傅对所有的弟子说，自己离开家人修道是为了成仙。道术没有修成，半途而废也是一种耻辱，还不如服下丹药死了算了，说完就服下了丹药。其中一位弟子认为师傅是得道高人，师傅的做法自有他的道理，也服用了丹药。魏伯阳和另外一位弟子打起了小算盘。他们想，修道的目的

是为了长生不死，现在不但不能长生，反而丢掉了性命，不值
得。不如不吃丹药，在世上还能多活几十年。于是，他们就到山
下为师傅和师弟寻找棺材。等到他们下山的时候，师傅从地上一
跃而起，将丹药放在狗和弟子的嘴里。狗和弟子马上就醒来，脱
胎换骨成仙了。这个故事，考验的是对师傅的信任。魏伯阳和那
位弟子不相信自己的师傅，没有通过试炼，与成仙失之交臂。

《神仙传》中的古强经历了同样的考验：成都一个叫古强的
人，经常见到一位仙风道骨的老人李阿。古强看到李阿身有异
术，一直像服侍父母一样对待李阿。后来，他携带一把大刀，跟
随李阿到青城山。李阿生气地说，跟我一起出行还害怕野兽吗？
李阿拿起刀在石头上乱砍，刀被折断了。看到防身的刀已经坏
了，古强要求离开青城山。李阿捡起地上的坏刀，用左手击打地
面，刀恢复了原状。古强跟着李阿来到成都，撞上了飞奔跑来的
马车。李阿的脚当场被马车压断了，古强非常害怕。李阿却一点
儿事情也没有，用手摸摸脚，折断的脚重新装上，马上就可以站
起来了。古强被李阿带下山，就消失不见了。古强因为怀疑李阿
的能力，李阿没有传授道术给他，结果错失成仙的良机。

修炼考验成仙小说试炼的内容，跟道教的清规戒律有关。道
教反对伤害性命，道经中的许多戒律都禁止杀戮，去除欲望。
《初真十戒》说："第二戒者，不得阴贼潜谋，害物利己，当行阴
德，广济群生。……第三戒者，不得杀害含生，以充滋味，当行
慈惠，以及昆虫。"学道的人要有一颗无欲无求的善心，要做对

他人有帮助的事情，不能暗地里作恶。昆虫也是有生命的，它们的生命也不能伤害。《无上十戒》中的戒律说："第一戒者，下土兆民，不得杀生及怀杀想、故杀、贪杀，常行慈悲，救度一切群生，观诸众生长如自己。"《无上十戒》的要求更高，要求学会推己及人，对待他人要像对待自己一样，要有救济穷困的慈悲心肠，不能有杀生的念头。修道的人如果违反这些戒律，试炼就不能过关。修炼考验小说围绕摈弃尘世间的欲望展开故事，在消除欲望的过程中，人之常情与道教的戒律会产生冲突，因此，修炼考验是一个艰难的过程。成功通过考验，才能加入神仙的行列，不能通过的人，还得在求仙的路途中继续修炼。

（四）仙凡相恋

爱情是人类产生以来永恒的话题。中国第一部诗歌总集《诗经》对男女之间的美好情感进行了讴歌，如《关雎》"窈窕淑女，君子好逑"，成为千古名句。汉乐府民歌《孔雀东南飞》中刘兰芝、焦仲卿忠贞不渝的情感，被后人世代传诵。到了明代，汤显祖《牡丹亭》更对此加以大肆渲染，情可以让"生者可以死，死亦可生"。爱情也是古代小说作品的重要主题。绰约多姿的仙女，有着非凡的法术和绝世的容貌，她们成为凡间男子憧憬的对象。仙女们也迷恋世间男子，不喜欢冷冰冰的仙宫，愿意跟凡间男子结为百年之好。不少凡间男子不仅获得佳人，还跟仙女一起得道成仙，演绎出仙女与凡男相恋成仙的故事。当然，也有仙男与凡女相恋成仙的故事。不过，这在小说作品中数量很少。

刘晨、阮肇遇仙女

仙凡相恋成仙的作品，南朝刘宋时临川王刘义庆《幽明录》"刘晨、阮肇天台遇仙"是其中的翘楚之作：汉永平年间，刘晨、阮肇到天台山采药。天台山地势险峻，由许多群山组成。即使非常熟悉地形，也很容易迷路。刘晨、阮肇结伴进山采药，就是为了避免意外。刘、阮二人只顾埋头采药，没有察觉到天色已经很晚了。等到肚子饿的时候，才发现进入了从没有来过的神山，已经很难走出山谷了。忽然，他们发现山上的桃树上结满了果子，就随手摘几个桃子充饥。他们一边吃桃子，一边沿着山路的小溪走。在小溪边用茶杯取水时，他们看见溪水中有胡麻饭。他们想，溪中有胡麻饭，山中必定有人居住。二人加快脚步，沿着小溪往前走。只见溪边站着两位十分美丽的女子，她们看见刘、阮二人手里拿着茶杯，像对待老朋友一样笑着说，你们怎么这么迟才过来。刘、阮二人从来没有见过这两位女子，十分吃惊。虽然不认识，竟然也不怀疑。他们跟着这两位女子来到了她们的家中。她们的家一派豪门贵户的气象，金银交错，婢女成群，摆设的宴席非常丰盛。

吃饭的时候，还有乐器伴奏，吹拉弹唱，热闹非凡，真是人间天堂。一直过着贫穷生活的刘晨、阮肇恍若在梦境中，不敢相信眼前发生的事情是真实的。不久，两位女子带他们见了主人，让他们跟自己的主人——两位仙女成亲了。过了十几天，佳人、美酒已经不新鲜了，他们记起了自己的家人，坚决要求回家，仙女苦苦挽留也不能改变他们的心意。刘晨、阮肇在仙女的指点下回家，却无法找到家的所在，到处打听，原来已经过去了几百

刘晨、阮肇遇仙女

年。家人没有了，只好返回采药的地方寻找妻子，以后人们再也没有见到刘晨、阮肇了，估计跟仙女一起成仙了。这是一则仙女与凡男相恋的故事。以采药为生的两位普通男子，与美丽的仙女不期而遇，得到了她们的盛情款待，享尽了荣华富贵。仙女不仅改变了两位男子的生活，还毫无保留地奉献了自己的爱情。相比仙女，刘、阮二人自私自利。他们之所以留在仙乡，是贪恋富贵、美色。一旦习惯了这些，就立即将仙女的情感抛在脑后，想

回到家中。回家后，找不到亲人，他们又想回到仙乡。仙女不计前嫌，再一次接纳了他们。对待感情，仙女显得更有气度。刘晨、阮肇之所以放弃仙乡回到家中，主要是因为仙女跟人不是同类。当仙女满足了他们的欲望后，传宗接代、侍奉亲人、门当户对的观念开始占据上风，他们宁愿当一个普通的农夫也不愿意守在富贵的仙乡。回到现实走投无路，他们才彻底地抛弃红尘，返回仙境，跟仙女相守在一起。

贫困的刘、阮对安定幸福的生活十分向往，超凡入圣的仙女对爱情婚姻也有渴望。美貌贤淑、无所不能的仙女，刚好满足了男性的这一需求，由此产生了诸多与之相关的故事。这一主题对后世诗词、小说、戏曲影响甚深，刘郎、阮郎、刘阮等词语成为诗文中的典故。根据这则故事，唐代曹唐写有《刘阮洞中遇仙子》诗五首，其中一首为："天和树色霭苍苍，霞重岚深路渺茫。云实满山无鸟雀，水声沿涧有笙簧。碧沙洞里乾坤别，红树枝前日月长。愿得花间有人出，免令仙犬吠刘郎。"明代杨之炯将这则故事改编成《天台奇遇》杂剧。

刘义庆《幽明录》刘晨、阮肇与仙女的爱情故事，刘晨、阮肇谈不上对仙女有多少爱情，在天台山迷路后与仙女成亲，是被仙女的美貌、富贵的生活所吸引。回到家后重返仙乡，是因为家中已经没有亲人，没有容身的地方。他们愿意跟仙女在仙乡厮守，很大程度上是被形势所逼。刘向《列仙传》中"弄玉吹箫"的故事，被人津津乐道：萧史擅长吹箫，经常奏出凤凰的鸣叫

声。秦穆公的女儿弄玉很仰慕
善于吹箫的萧史，秦穆公只好
把女儿嫁给他，并建造了一座
巍峨的凤楼。成亲后，萧史经
常教弄玉吹箫。有一天，两人
奏出的声音惟妙惟肖，引得天
上的凤凰、龙聚集在凤楼的周

萧史弄玉升仙

围。萧史骑上龙、弄玉骑上凤凰，两人同时成仙去了。故事情节
非常简单，善于吹箫的萧史，赢得了秦穆公女儿弄玉的心。两人
结婚后，琴瑟相和，非常恩爱。萧史整天教弄玉吹箫，当弄玉可
以吹出和萧史一样的乐音的时候，夫妇俩都成仙而去。萧史是男
仙，弄玉是凡女，凡女跟男仙结婚后成仙。这一类型故事在仙凡
相恋故事中较少出现。仙凡相恋成仙故事的主角，大多是仙女凡
男。弄玉和萧史有共同的兴趣爱好，他们情投意合，最后都双双
仙去，令人羡慕。唐代杜光庭《仙传拾遗》、明代冯梦龙《东周
列国志》对这个故事加以想象，改编出新的故事。

　　魏晋时期仙凡相恋成仙的小说，仙女、凡男，或者仙男、凡
女的人物形象是模糊不清的。他们恋爱的经过，作品也极少用笔
墨加以描摹。到了唐代，作品极力刻画男子追求仙女的锲而不
舍，对仙女的容貌也极力铺陈，突出仙女不同寻常的美。裴铏
《传奇·裴航》就是如此。传说裴航是唐代长庆年间的一位秀才，
有一次经过蓝桥驿，遇到了一位和蔼慈祥的老婆婆。他非常口

裴航遇仙

渴，就向老婆婆讨水喝。老婆婆让一位叫云英的女子将水端出来给她。在裴航眼中，这位女子"因还瓯，遽揭箔，睹一女子，露裹（yì，同浥）琼英，春融雪彩，脸欺腻玉，鬓若浓云，娇而掩面蔽身，虽红兰之隐幽谷，不足比其芳丽也"。皮肤晶莹白皙，一头乌黑浓密的头发，貌美如花，娇美柔弱的身姿，举手投足之间，很有超凡脱俗的气质。裴航第一眼就喜欢上了这位女子，想娶她做妻子。老婆婆给他出了一道难题，如果他想娶云英为妻，就要找到一根玉杵臼，还要用这根玉杵臼将一粒仙药——玄霜灵丹——在一百天内捣碎，给云英服下，以求长寿。裴航答应了老婆婆的要求，费尽周折终于在虢州一个药铺用所有的财产买下了玉杵臼，然后长途步行到蓝桥，昼夜不停地捣药。月宫中的玉兔被裴航的坚贞所感动，每天都悄悄地帮他捣药，老婆婆也很感动，终于答应了婚事。以后，裴航和云英过上了美好幸福的生活，并且两人一起成仙。这个故事中的蓝桥，来自《史记·苏秦列传》。在《苏秦列传》中，蓝桥有一个凄美的传说。一个叫尾生的人，与一个美丽的姑娘在蓝桥下相会，到了约定的时间，姑娘还没有来，尾生为了不失约，看着不断上涨的水没有离开。最后，水漫过了桥面，尾生抱着桥柱死在桥下。今天看来，这个叫尾生的人很迂腐，不知道变通。如果情人没来赴约，桥底下的水不停地涌上来，完全可以站在一个可以看见情人的地方继续等待。他固守成见，没有等到心上人，还丢了性命。为一个不值得自己等待的人守信，所做的牺牲没有任何意义。有人用尾生抱柱比喻人坚守信约。到唐代，传奇小说中出现蓝桥驿裴航遇云英的故事，蓝桥就摆脱了悲剧色彩，被赋予美好爱情的寓意，令人神往。"蓝桥捣药""云英"也被当作意中人的代名词。裴航以不达目的不罢休的执着精神，为自己的意中人寻药、捣药，最终攻克了一个个难关，让仙女感动，有情人终成眷属。"裴航遇仙"深受人们喜爱，根据这一题材演绎的故事，经久不衰。宋元话本《蓝桥记》、元代庚天锡的《裴航遇云英》杂剧、明代龙膺的《蓝桥记》传奇、杨之炯的《蓝桥玉杵记》传奇均以此为题材。

尾生抱柱

唐代传奇小说李朝威《柳毅传》，柳毅与孤苦无依的龙女相遇后，克服重重困难，帮她送信到龙宫。龙女的叔父钱塘君见到侄女的信件，知道龙女的丈夫和公婆虐待她，大发雷霆，将龙女接回。钱塘君为了感谢柳毅的恩德，将龙女嫁给柳毅：钱塘君把侄女当成掌上明珠，十分喜爱。他一一将龙女的优点告诉柳毅——性情贤淑，品质美好，被家里

柳毅与龙女相见

所有的人喜欢、敬重。不幸的是，错嫁给品行不端的人，蒙受了耻辱。他强迫柳毅娶龙女。柳毅没有被钱塘君的威严所吓倒，他义正词严地告诉钱塘君替龙女送信，没有任何私心，只要是具有良知的谦谦君子都会做。而钱塘君仗着魁梧的身躯，强悍的性情，借酒逼迫自己娶龙女，不是正直的行为。对这门亲事，柳毅严词拒绝。钱塘君当即道歉，不久送柳毅平安回家。回到家后，柳毅跟一位姓韩的姑娘结婚了。成亲当天，他觉得那位姑娘跟龙女很像。正疑惑不解的时候，姓韩的姑娘告诉他，自己就是龙女。她看到柳毅侠义的举动，以及对抗叔父的勇气，已经爱上他了。为了跟他结婚，只好变幻成普通女子，托媒人说媒，跟他永结百年之好。柳毅的热心、仗义、不畏权势的大丈夫气度，赢得了龙女的芳心，龙女拒绝跟自己门当户对的人结婚。龙女的痴情感动了父母，在父母的帮助下最终跟柳毅结成佳缘。柳毅也因跟龙女成亲，得道成仙。

在仙凡相恋的故事中，仙女占据主导地位。她们大胆、热情、奔放，不经过父母之命，媒妁之言就自荐枕席，完全不顾人世间的礼教大防，敢于追求自己的爱情。《太平广记》第六十八卷的"封陟"，上元夫人在自己喜欢的封陟面前表白：自己本来是天上的神仙，因为触犯天条被贬谪到人间。有时在高山大川游历，有时听虫子的鸣叫，有时听哀怨的笛音。每当夜深人静的时候，寂寥的山川，呜咽的声音，让她难以入睡。她最希望的是与一个相识相惜的人相守。与封陟相遇，看到他的才学、相貌，十分倾心。不知道封陟愿不愿意娶她。面对美丽的上元夫人，封陟仍然心如止水，严词拒绝。卢肇《逸史·张云容》：薛昭纵容囚犯杀人报母仇，被治罪贬到东海为民。他不太想去遥远的东海，顾不上家产，背上一口大锅就逃走了。他的好朋友田山叟送给他一粒仙丹，吃下后，追赶的官兵即使从他眼前经过，也看不见他。并且幸运的是，他还与三位仙女相遇。三位仙女与他相见后，都被薛昭的豪气所吸引。她们拿出骰子说："今天晚上有嘉宾来相会，必须有人跟他相配。我们掷骰子，决定作陪的人是谁。"面对中意的对象，仙女没有丝毫的羞涩。《二刻拍案惊奇》中的"程宰遇海神"：程宰与哥哥一起到辽阳做生意，几年后将本钱都亏没了。又到了回家时节，兄弟俩羞愧难当，不敢回去，流落异乡。有一天晚上，租住的房子里发出奇怪的声响，不一会儿，空中传来车马喧闹、音乐演奏的声音。三位艳丽的仙女珠光宝气，在许多神仙的簇拥下来到他家，拿出珍馐佳肴给程宰吃，晚上还跟程宰同床共寝。仙女不问程宰的出生，也不在意他的一贫如洗，在程宰最艰难的时候出现，帮助他逃避战乱、获取厚利、返回家乡后，默默地离开。仙凡相恋的主人公，仙女都出身高贵、容貌美丽，而跟仙女相恋的男子，大多出身贫寒、身份卑微。仙凡相恋是现实中落魄失意男子的一种美好幻想。石昌渝先生在《中国小说源流论》中分析说："人神婚恋表现当时寒士庶民在门第婚姻压抑之下的人性本能欲望。寒士庶民在现实中根本不可能与世家豪门的千金达成婚恋，他们希求与世家豪门的千金达到婚配的潜意识，转变成一种慕仙心理，从而造成一系列的人神婚恋的仙境传说。"生活在门阀等级制度森严的封建社会，人仙婚恋的美好幻想，是一种巨大的情感安慰。

本来道教修炼成仙要戒除情欲，前面所提到的钟离权对吕洞宾的十试，太上老君对杜子春的多次试炼，都包含对情欲之念的考验。按照这样，神仙世界里似乎不应该有爱情。但是，小说中却常常描写仙女与凡间男子的爱情，仙女们柔情似水、暗送秋波，跟她们有过缘分的男子不少都能得到成仙的回报。小说中对此类故事的描写，主要是因为道教对合理性情欲进行了肯定，如《容成经》《玄女经》《素女经》《彭祖经》等讲授房中术的书籍，是道教的重要典籍。道教对男女阴阳和合之法的认同，使小说中出现仙凡婚恋成仙的故事就顺理成章了。

参考文献

［1］浦江清：《浦江清文录》，北京：人民文学出版社 1958 年版。

［2］李昉等编：《太平广记》，北京：中华书局 1961 年版。

［3］王明：《太平经合校》，北京：中华书局 1980 年版。

［4］王明：《抱朴子内篇校释》，北京：中华书局 1980 年版。

［5］列维·布留尔著，丁由译：《原始思维》，北京：商务印书馆 1981 年版。

［6］葛洪：《神仙传》，北京：中华书局 1991 年版。

［7］杨明照：《抱朴子外篇校笺》，北京：中华书局 1991 年版。

［8］饶宗颐：《老子想尔注校证》，上海：上海古籍出版社 1991 年版。

［9］卿希泰、唐大潮：《道教史》，北京：中国社会科学出版社 1994 年版。

［10］黄兆汉：《道教与文学》，台北：台湾学生书局 1994 年版。

[11] 郭象注，成玄英疏，曹础基、黄兰发点校：《南华真经注疏》，北京：中华书局 1998 年版。

[12] 上海古籍出版社编：《汉魏六朝笔记小说大观》，上海：上海古籍出版社 1999 年版。

[13] 上海古籍出版社编：《唐五代笔记小说大观》，上海：上海古籍出版社 2000 年版。

[14] 孙逊：《中国古代小说与宗教》，上海：复旦大学出版社 2000 年版。

[15] 上海古籍出版社编：《宋元笔记小说大观》，上海：上海古籍出版社 2001 年版。

[16] 张兴发：《道教神仙信仰》，北京：中国社会科学出版社 2001 年版。

[17] 吴光正：《中国古代小说的原型与母题》，北京：社会科学文献出版社 2002 年版。

[18] 赵杏根：《八仙故事源流考》，北京：宗教文化出版社 2002 年版。

[19] 陈鼓应：《老子今注今译》，北京：商务印书馆 2003 年版。

[20] 张君房编：《云笈七签》，北京：中华书局 2003 年版。

[21] 孙以楷主编：《道家与中国哲学》，北京：人民出版社 2004 年版。

[22] 上海古籍出版社编：《明代笔记小说大观》，上海：上

海古籍出版社 2005 年版。

[23] 萧兵、周俐：《古代小说与神话宗教》，太原：山西人民出版社 2005 年版。

[24] 上海古籍出版社编：《清代笔记小说大观》，上海：上海古籍出版社 2007 年版。

[25] 郑宣景：《神仙的时空〈太平广记〉神仙故事研究》，北京：中央民族大学出版社 2007 年版。

[26] 刘敏：《天道与人心：道教文化与中国小说传统》，北京：中国社会科学出版社 2007 年版。

[27] 王叔岷：《列仙传校笺》，北京：中华书局 2007 年版。

[28] 苟波：《仙境 仙人 仙梦——中国古代小说中的道教理想主义》，成都：巴蜀书社 2008 年版。

[29] 李丰楙：《仙境与游历：神仙世界的想象》，北京：中华书局 2010 年版。

[30] 李跃忠编著：《民俗文化财神》，北京：中国社会科学出版社 2010 年版。

[31] 任法融：《周易参同契释义》（修订本），北京：东方出版社 2012 年版。

[32] 胡春涛：《老子八十一化图研究》，成都：巴蜀书社 2012 年版。

[33] 柳岳梅：《尘俗回响——古代仙道小说之演变》，郑州：河南人民出版社 2012 年版。

[34] 弗雷泽著，汪培基等译：《金枝——巫术与宗教之研究》，北京：商务印书馆 2013 年版。

[35] 万晴川：《宗教信仰与中国古代小说叙事》，杭州：浙江大学出版社 2013 年版。

[36] 王敬敏、陈纪然：《〈水浒传〉人物评议》，哈尔滨：黑龙江人民出版社 2014 年版。

[37] 杨宗红：《民间信仰与明末清初话本小说之神异叙事》，北京：人民出版社 2018 年版。